U0504478

云城研究院系列丛书

城市治理创新实践研究

万物云城
哈尔滨工业大学（深圳）
著

中国社会科学出版社

图书在版编目（CIP）数据

城市治理创新实践研究/万物云城，哈尔滨工业大学（深圳）
著.—北京：中国社会科学出版社，2022.6
ISBN 978-7-5227-0353-4

Ⅰ.①城…　Ⅱ.①万…②哈…　Ⅲ.①城市管理—研究—中国
Ⅳ.①F299.22

中国版本图书馆 CIP 数据核字（2022）第 103819 号

出 版 人　赵剑英
责任编辑　戴玉龙
责任校对　周晓东
责任印制　王　超

出　　　版　中国社会科学出版社
社　　　址　北京鼓楼西大街甲 158 号
邮　　　编　100720
网　　　址　http://www.csspw.cn
发 行 部　010-84083685
门 市 部　010-84029450
经　　　销　新华书店及其他书店
印　　　刷　北京明恒达印务有限公司
装　　　订　廊坊市广阳区广增装订厂
版　　　次　2022 年 6 月第 1 版
印　　　次　2022 年 6 月第 1 次印刷
开　　　本　710×1000　1/16
印　　　张　12
插　　　页　2
字　　　数　165 千字
定　　　价　89.00 元

编 委 会

序　言

王亚平[*]

　　随着亚洲、非洲等发展中国家城市化步伐的加快，世界正朝着以城市为主的人居环境方向发展。联合国人居环境署的数据显示，全世界已有超过55%的人口生活在城镇。可持续的城市和社区作为联合国2030年17个可持续发展目标（SDGs）之一，科学、合理、高效地治理现代城市及社区是所有国家面临的历史性挑战。

　　中国改革开放以来，工业化、城市化、国际化、信息化进程依次加速。原来以单位为主体的城市发展以及生产、生活与管理布局的模式，逐步被形形色色的住宅小区、商业区、工业园区、开发区、高新区和大学城等开发项目取代。随着社会生产力水平明显提高，城镇居民生活显著改善，城市快速发展和转型所伴生的治理不标准、不精细的问题也日益凸显。在城市社区层面，居委会、单位住宅区、城中村与村委会等传统体制的行政单元与新兴的基层治理单元（物业公司、业主委员会、社区工作站、股份公司或基金会等）共存，并各行其是。2017年中国共产党十九大报告指出："中国特色社会主义进入新时代，我国社会主要矛盾已经转化为人民日

　　* 王亚平，英国格拉斯哥大学社会与政治学院世界未来城市讲席教授，GCRF可持续、健康和学习型城市与邻里研究中心（SHLC）主任（University of Glasgow），英国爱丁堡皇家学会院士（Fellow of The Royal Society of Edinburgh - FRSE），英国社会科学院院士（Fellow of The Academy of Social Sciences - FAcSS）。

益增长的美好生活需要和不平衡不充分的发展之间的矛盾"①。如何把握城市化的走向与城市转型的契机，盘活空间资源存量，以人为本，增强城市韧性、提升居民生活品质、提高城市服务效能、实现精准治理成为未来城市建设的重要命题。

面对以上命题，学界积极探讨政府、社会与市场之间在城市发展与治理中的耦合互动关系；思考更为高效、精准、科学的可持续城市发展路径；同时，相关企业也尝试突破现有城市管理模式制约，以期通过挖掘新的城市发展和基层治理的切入点，拓宽自身新的发展空间。

关于中国是否已经有一套独特的经济发展和城市治理方式，国际上一直有争议。一部分学者将中国的快速发展描述为"具有中国特色的新自由主义"，他们认为在城市扩张与改造中，中国采用了一种以房地产主导的再开发的"新自由主义"模式，鼓励房地产驱动的城市开发以及旧街区的更新改造。其他一部分学者则认为由于其特殊文化和社会传统影响，中国没有朝着个性化的新自由主义经济方式发展。近期，一些文献试图通过城市企业化来解释中国的城市发展与治理，认为提高管理绩效和寻求晋升是中国地方政府领导人追求企业化的原动力；与此同时，中国各级党委和政府部门发挥了不可或缺的核心领导作用②。有关中国现代城市治理的理论解说和发展趋势还没有定论；国家倡导的文化自信、理论自信、道路自信在城市治理方面还有待新的突破和实践创新。

本书是高校城市人文社科理论研究与地产及物业头部企业创新实践的合作研究成果，尝试为中国城市及社区治理提供新理念，探讨新理论。由公共管理、城市规划、人文地理和应用经济等多学科

---

① 习近平：《决胜全面建成小康社会 夺取新时代中国特色社会主义伟大胜利——在中国共产党第十九次全国代表大会上的报告》，2017 年 10 月 18 日，http：//www.gov.cn/zhuanti/2017-10/27/content_ 5234876. htm，2021 年 12 月 10 日。

② Fulong Wu and Fangzhu Zhang, Rethinking China's urban governance：The role of the state in neighbourhoods, cities and regions. *Journal of Progress in Human Geography*, Vol. 46, No. 3, March 2022, p. 775-797.

人员组成的研究团队，针对城市治理实践提出了宏观城区—中观街区—微观社区三个空间尺度的整体分析框架，并以城市生命有机体理论的生命—生态—生活—生产的隐线贯穿其中，在不同的空间尺度上开展更具针对性的可持续城市运营和差异性的邻里生活圈重塑的分析讨论，提出了"全域智能运营"的"物业城市 2.0"新型治理模式。在展望城市发展趋势的同时，为后续研究的深化、细化提供了方向与思路。

本书在肯定该模式对城市治理多元主体有效激活以及对城市综合运营服务效能提升的同时，也思考该类治理模式创新在中国更多城市落地的前置条件。书中的内容对理解和认识中国城市治理的若干关键性问题、提升城市治理现代化能力有理论贡献和现实意义；对城市政府的规划、建设、管理相关部门以及城市运营服务机构也有很好的参考价值。

目　录

绪　论 ……………………………………………………… 1

    第一节　目标、思路与框架 …………………………… 3

    第二节　基本概念界定 ………………………………… 7

    第三节　相关理论梳理 ……………………………… 12

第一章　新型城市治理与公共服务生产模式转型研究 ………… 17

    第一节　公共服务供给与生产模式转型的驱动力 ……… 17

    第二节　新型城市运营管理及服务的基本要素与

           案例分析 ……………………………………… 21

    第三节　城市运营服务的发展展望 …………………… 40

    第四节　结论 …………………………………………… 48

第二章　面向基层治理的"全域智能运营"体系构建与

        实践探索 ……………………………………………… 50

    第一节　我国街道层面基层治理的困境 ……………… 50

    第二节　"全域智能运营"是实施街道基层治理的

           有效手段 ……………………………………… 55

    第三节　街道层面"全域智能运营"的多元主体与

           体系构建 ……………………………………… 62

    第四节　街道层面"全域智能运营"的内容框架 ……… 72

    第五节　街道层面"全域智能运营"的实施框架 ……… 78

第六节　街道层面"全域智能运营"的实践探索 ………… 85

第七节　结论与展望 ………………………………………… 100

第三章　新型政社关系与社区服务供需精准化匹配研究 ……… 104

第一节　社区治理的内涵及困境 …………………… 104

第二节　"全域智能运营"是社区治理的有效手段 ……… 110

第三节　基于大数据画像技术的社区治理模式探索 ……… 117

第四节　结论 …………………………………………… 136

第四章　习近平新时代中国特色社会主义城市有机体研究 …… 139

第一节　城市有机体理论背景 ……………………… 139

第二节　城市作为一个有机体的运行机制分析 ……… 147

第三节　城市指标体系的比较分析 ………………… 155

第四节　城市运营服务企业参与城市有机体健康发展的

建议方向 …………………………………………… 167

参考文献 ………………………………………………… 171

后　记 …………………………………………………… 179

绪　论[*]

　　改革开放以来，我国的城镇化建设经历了迅猛的发展，截至 2021 年 5 月，城镇人口占全国总人口比重已由 1978 年的 17.92% 上升至 63.89%①；在人口城镇化率突增的同时，城市规模也随之扩张，当前全国有 16 个城市人口超千万、130 个城市人口超百万②，国家建设和发展脉络已经实现了由"单位中国"向"城市中国"的转变。然而，随之引发的一系列问题为城市管理和运营工作提出了新的挑战：土地集约程度和城乡空间布局难以与城市的社会经济发展和产业结构相适应，城市的生产功能受限；基础设施建设和公共服务供给难以适应迅速提高的城市需求，居民生活质量难以保障；城市体量的膨胀所引起的环境污染、交通拥堵等"城市病"日益严重，城市生态日趋恶劣。

　　城市在生产、生活、生态方面所暴露的问题是城镇化高速发展的必然结果。为切实提高居民生活质量，增进民生福祉，城市治理工作应首先聚焦资源的供给和配置，从而为上述城市问题提供直接解决方案。在社会主义市场经济背景下，单靠政府力量难以提供充

---

　　* 本章节由哈尔滨工业大学（深圳）人文与社会科学学院孙涛教授团队撰写，团队成员包括：孙涛、陈廷佳、李晨光、于思航、季可晗、战禹丞。

　　① 国家统计局：《第七次全国人口普查公报》，2021 年 5 月 11 日，http：//www.stats.gov.cn/tjsj/tjgb/rkpcgb/qgrkpcgb/202106/t20210628_ 1818820.html，2021 年 12 月 10 日。

　　② 中华人民共和国住房和城乡建设部：《2019 年城市建设统计年鉴》，2020 年 12 月 31 日，https：//www.mohurd.gov.cn/file/old/2020/20201231/w020201231224485271423125000.xls，2021 年 12 月 10 日。

足且多样的产品和服务，无法满足居民复杂的实际需求并实现精细化治理，而企业在响应市场需求、灵活产品供给调配方面具有明显优势。因此，在政府把握城市总体发展战略的基础上，由企业承担市政基础设施建设与维护、城市基本公共服务提供、基层社区运营管理等具体工作成为城市治理的模式创新。市场主体进入城市运营与管理领域，不仅为企业开拓了业务"新蓝海"，而且有效提升了城市治理的工作效率，切实提高居民获得感，在经济和社会效益两方面都具有深远意义。

而在此基础上，随着以工程建设为主导、片面追求扩张的城市建设格局造成的矛盾日益突出，城市建设的重心应从"增量扩张"转移到"存量更新"上来，从而提高城市的可持续发展能力。① 作为多元融合的有机生命体，城市的发展也是动态持续的过程，内部硬件设施、空间格局和社会结构的更新代谢使得城镇化建设朝着精细化、内涵化的方向稳步推进。西方国家在二战后经历了以清理贫民窟为目标的大规模社区重建（Remodel）、福利导向的社区改造（Renewal）、市场导向的社区开发（Redevelopment）、物质和社会空间协调发展的社区再生（Regeneration）的四大发展阶段，形成了政府、企业、居民、社会组织多方参与、多元融合的城市更新模式，实现了人居环境和社区活力的综合提升。我国的城市更新工作仍处于起步阶段，传统的自上而下更新模式正在遭遇居民需求对接不通畅、投资回报不平衡、更新建设同质化的问题。企业在提供城市服务的基础上，深入到城市更新领域，在不破坏城市肌理的前提下提高老城区物质和社会环境，从而走出一条具有中国特色的新型城镇化发展道路，具有广阔的发展前景。

---

① 中共中央国务院：《国家新型城镇化规划（2014—2020 年）》，2014 年 3 月 16 日，http：//www. gov. cn/gongbao/content/2014/content_ 2644805. htm，2021 年 12 月 10 日。

目前，横琴新区①、雄安新区、成都高新区、厦门鼓浪屿等新城新区、历史文化街区都已经引入了市场化企业以开展城市运营服务，在北京劲松小区也有企业积极开展起老旧小区更新的相关探索，这些做法都为企业进驻城市服务领域贡献了一定经验。随着业务范围的拓展，企业如何深入更为广阔的城市空间，在复杂业态交织嵌套的城市建成区开展城市运营服务推动城市公共服务生产模式与流程转型，在明确政策合法性的基础上理清政府和企业的事权划分，形成可复制的工作模式和管理体系，成为下一阶段的核心议题所在。

第一节　目标、思路与框架

在经济全球化和快速城市化的背景下，居民生活需求日趋多元，不断追求高品质多样化服务。本书旨在通过梳理相关理论与典型案例，分析城市运营服务商参与城市治理的现状、特征和问题，论证其实践的合法性与可行性，提出政企合作的权责边界、合作模式和具体领域。结合大数据分析，为城市运营服务商在服务需求与供给的动态协调发展中寻求盈利切入点，发挥企业专业性与平台优势，探索城市治理新模式，推动城市公共服务结构走向纺锤形结构（如图1所示），力求打造乐智城市②，实现生产、生活、生态的协调发展，使人民获得感、幸福感、安全感更加充实、更有保障、更可持续。

"生产空间集约高效、生活空间宜居适度、生态空间山清水秀"是城市发展新方向，新型城市治理需有效协调"三生空间"，发展

---

① 2009年，国务院正式批准实施《横琴总体发展规划》，将横琴岛纳入珠海经济特区范围，"横琴新区"管委会在珠海市横琴岛正式挂牌成立。2021年9月5日，中共中央、国务院印发了《横琴粤澳深度合作区建设总体方案》，横琴新区升级为横琴粤澳深度合作区。本研究信息截至2021年9月，因此本书中统称为"横琴新区"。
② 乐智城市：是指安居、乐业、可持续、有保障的城市发展愿景。

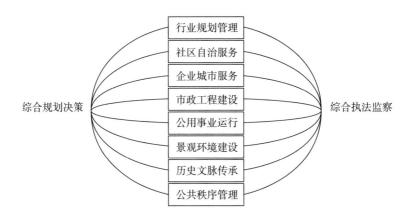

图1　纺锤形城市治理结构①

学习、健康、永续城市。由于不同空间区位周边聚集产业和公共服务设施的类型和规模不同，对不同产业带来的经济利益也会产生差别，因此地尽其利、地尽其用是空间资源优化配置的核心。生活空间的宜居状况主要通过其安全性、便捷舒适性、环境亲切友好性等来体现，这不仅需要增强生活空间的安全防卫能力，同时需要为不同类型居民提供差异化服务，围绕居住空间打造配套完善的便捷生活服务圈，为城市居民创造更高功能和品质、环境更加优美的生活空间。生态空间则必须完善对于生态红线的管控和相应的配套政策及制度。城市运营服务商作为城市公共服务生产者之一，对公共服务进行整合、细分与再分包，易于形成规模效益，促进生产空间集约高效；其对生活圈层面的需求挖掘与识别将为居民提供更加精细化的服务和管理；而智慧化平台则有利于对生态系统进行实时监测与管养。城市服务的生产空间高效发展也势必为生活质量和生态服务功能的提升提供更多的发展空间和发展模式的选择。由此可见，城市服务贯穿着"生产、生活、生态"三个空间，最终实现"生命有机城市"这一发展目标，构建宜居美丽、健康可持续的空间结构。

---

① 物业城市：《一图看懂《物业城市白皮书》》，2020年8月19日，https：//baijiahao. baidu. com/s？id＝1675425265818895580，2021年12月10日。

城市服务的提供与运营涉及多方主体参与，其中处理好政府和市场的关系是充分利用市场化力量提高社会治理效果的核心问题，而居民不同空间类型需求的差异性决定了城市运营服务的多样性。考虑到不同空间尺度下空间类型、居民需求、服务内容及运营表现形式等方面均存在差异，为探索新型城市治理模式，本研究将从宏观城区、中观街区、微观社区三个空间尺度展开。研究总体框架可参考图2，具体思路可参考图3。

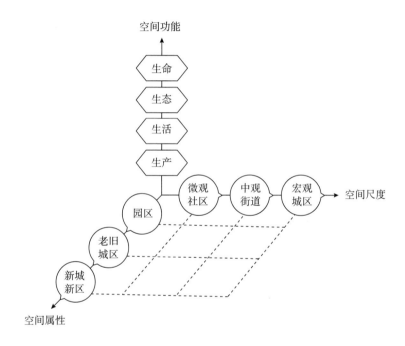

图2　总体研究框架

具体目标与思路如下。

1. 宏观尺度：城区维度

新时代城市治理对于专业化、精细化、智慧化的要求催生了城市公共服务生产组织模式的转变。这种模式的转变会与原有的公共服务供给结构和生产流程出现不兼容的现象，从而对其高效、可持续发展形成挑战。城区维度的研究通过阐述公共服务供给和生产的内在逻辑对城市运营服务进行理论定位，结合城市运营服务商在城区范围的运营案例，重点分析其作为一种新型城市公共服务生产组织形式的基本要素、发展现状、面临的挑战及未来可能的趋势，并以城市更新作为一个具体的视角来分析城市运营服务的前景，旨在探索城市多元主义协同治理新模式与协同机制，探寻城市服务可持续运营与城市有机更新新模式。

2. 中观尺度：街区维度

城市治理从面向生产空间的规划建设到面向运营空间的运行管理演进中，站在城市综合运行最终运营者的角度，需从更加精细的空间单元进行切入。因此中观尺度的研究单元落位于更具实施力度的街区维度，聚焦于面向基层治理的街道"全域智能运营"体系构建与实践模式的探索。通过分析街道现存基层治理模式的问题与困境，基于国家对基层治理的定位，分析街道不同主体间的诉求以及现今政企合作进行基层治理与生活服务的困难之处。根据分析结果及现有政府、企业的有效尝试，指出"全域智能运营"是街道治理的有效手段，在此基础上对现有的城市运营服务理论与实践进行梳理，从总体架构、多元主体及其权责划分、服务内容、实施策略与运行机制、保障体系等方面构建街道层面"全域智能运营"的体系，分析街道层面"全域智能运营"的实践模式，最后提出街道层面"全域智能运营"的发展方向，从而为城市运营服务商未来参与更加复杂的街道全域治理提出保障机制与实施框架，助力未来街道层面"全域智能运营"的蓬勃发展。

3. 微观尺度：社区维度

在城市治理中，社区作为基本治理单元和关键环节，是基层社会治理和民生保障的重要载体。目前，社区服务体系精准化构建仍面临社区公共服务不均衡和同质化的问题，其本质是公共服务在供给过程中的均等化和个性化不足。基层政府提供的公共服务往往忽略不同社区或群体间的需求差异，服务均等化会降低公众对于服务的获得感。社区维度的研究重点关注基层社区信息化建设困境和基层社区服务体系精准化构建的难题，聚焦社区居民画像侧写和关键属性之间的关联识别，基于各社区的具体数据，通过知识图谱、机器学习等工具方法完成社区画像，对社区居民的服务需求进行精准识别，进而完善各社区的服务需求矩阵，实现服务需求与服务供给的动态协调发展。基于关联规则等技术手段，对居民的社区服务需求进行关联关系的挖掘，识别出有较强关联性的特殊需求组合，为开发社区服务新场景提供参考。

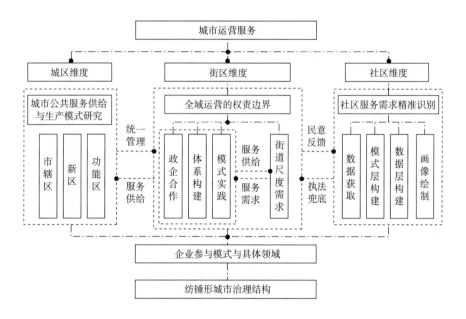

图 3　研究思路

第二节　基本概念界定

一　新型城市治理模式

城市治理现代化是国家治理体系与治理能力现代化建设的重要组成部分。随着新型城镇化进程的不断推进，我国城市治理实践面临着具有高度复杂性、不确定性的挑战，需要创新发展城市治理模式，回应城市发展需求，回应人民日益增长的对美好生活的需要。

我国幅员辽阔，各地区之间资源禀赋及文化习俗差异巨大，在城市治理实践上也是百花齐放。有学者将我国大陆地区城市治理的总体要素进行抽象概括，总结出城市管理、城市经营、网络化治理和公共服务外包等城市治理模式。城市管理模式以政府为城市事务的主要管理者，以行政审批为主要管理方式。随着我国经济体制转轨，市场主体活力得到充分激发，以服务经济发展为主要目标，对城市辖区内空间布局及生产要素进行统筹配置的城市经营模式率先出现在沿海地区。然而，过度重视经济发展带来了一系列负面结果，无论是空气污染还是拥堵的车道，都阻碍了人民幸福感和获得感的提升。数字化和信息化技术的飞速发展，以及社会力量和市场力量的蓬勃发展，我国城市治理在遭遇挑战的同时也迎来了新的发展契机。进入 21 世纪，北京东城区试点了网格化城市管理新模式，住房和城乡建设部启动了国家智慧城市试点工作，成都成华区试点院落自治服务……在这之中，起源于珠海市横琴新区的"物业城市"则堪称在城市治理模式方面创新的集大成者。

从概念溯源角度来说，"物业城市"是对横琴新区在城市治理模式方面创新实践的高度概括，作为"物业城市"的企业主体，深圳市万物云城空间运营管理有限公司（以下简称"万物之城"）将其升级为全域治理型城市运营服务，并在全国推广复制，在不同的城市因其客观条件不同而有不同的表现形式。整体而言，"物业城市"是指将整个城市的市政服务与现有商品房住宅小区内同类或相似的业务经验整合，以市场化机制为依托，运用大数据、人工智能等技术搭建数字平台，为城市治理中来自市场、社会以及政府的参与主体赋能，重塑城市治理结构，提升精细化管理能力，解决城市公共服务供给中的长期难题。

"物业城市"并非凭空而来，而是在政策、经济、技术可行性基础上，对解决当前城市治理共有难题的积极探索。新时代以来，在城市治理现代化、精细化过程中，我国经历了从城市管理、社会治理到城市治理的不断探索实践，已有城市治理模式得到不断发展完善，但依旧存在当前模式难以解决的城市问题。如：城市公共服务供给结构失衡，供给质量、供需匹配度较低；城市管理成本高，效率低；城市政府职能转变相对滞后，政府在城市治理中的有限性开始凸显；城市治理过程中公众参与不足，公众作为治理对象常处于被动状态。为规避、应对和解决城市治理中普遍存在的治理难题，"物业城市"将物业管理理念引入城市治理现代化创新，再造城市治理中的组织、利益与流程，发展出一个具有时代特色的阶段性治理模式创新成果。

在实践与学界研究的共同推进下，以"物业城市"为代表的全域治理型城市运营服务模式不断完善，其服务内容也逐渐向外延展。本研究通过分析讨论"物业城市"等全域治理型城市运营服务在城区、街区以及社区三个维度上的不同表现，提炼出新型城市治理模式的特点，并展望未来发展趋势。在宏观城区维度，主要体现出治理模式的特征，依托市场化和社会化机制，对政、企、社在市辖区、国家新区与功能区等不同空间类型中有效合作治理模式的重塑。在中观街区维度，体现为企业参与城市运营模式的变革，通过搭建信息平台等方式打通全服务流程，在横向上以成本为边界锚定点，依托商业楼宇和小区管理等传统经营领域向外扩展业务，实现公共空间与封闭空间的交叉赋能。在微观社区维度，体现为以人民需求为中心的服务供给模式革新，注重信息化运营、精细化管理、网格化监督和多主体协同。

二　城区、街区、社区三维度的界定

本书研究内容基于城区、街区和社区三个空间尺度展开。在既有研究成果的基础上，梳理三个空间尺度概念的内涵和发展沿革，有助于廓清问题边界、明晰研究范围。

其一，"城区"在本研究涉及的三个空间尺度结构中处于宏观空间尺度。国务院2016年印发的《关于调整城市规模划分标准的通知》将"城区"界定为"在市辖区和不设区的市、区、市政府驻地的实际建设连接到的居民委员会所辖区域和其他区域"。这一概念更加直接地指向城市市域的物理空间划分，但也涉及地理范围内制度、组织及经济等要素的考量。在现有研究中，有学者将"城区"界定为人为划分并以制度形式确认的城市物理空间，即城市政区范围内的实际建成区;① 大部分学者虽并未直接对"城区"概念加以界定，但通过他们对该概念使用可以发现，"城区"被视为广域市中的具体行政区，及其相应物理空间内的生产活动和社会关系网络。

在现实的城市化进程中，城区的边界常处于动态调整中。城市是现代社会生产生活的主要场所，城市内的各类要素呈现出高度集中特征。要素的集中过程即为要素在不同空间内的流动过程，这种过程使区域差异得以产生。在"广域设市"的现实背景下，基于区域间差异的认识，有学者依照功能对城区进行分类，从而进一步细化、丰富了这一概念的内涵。"城区"被用以指代发展的较为先进且位于城市中心的市辖区，并用与之相对的"郊区"指代城市中发展较晚或较为滞后的市辖区。② 也有学者将城市中人口密集、服务业发达、具有辐射周边地区功能的区域视为城区。结合当前实务界、学术界对"城区"的基本认知和本研究需要，"城区"的概念可以界定为：城市中被划定为市辖区、国家新区和功能区的一个或几个区域，以及在其范围之内的公共治理活动以及公共产品供给。

其二，"街区"在本研究涉及的三个空间尺度结构中处于中观空间尺度，是城市中介于城区与社区之间的空间层次。从范围上看，街区可以看作是城区的子系统，由社区及社区外的公共空间组成。而从功能角度看，在街区层面供给公共服务相比于社区来说往往更具规模效益。《中共中央国务院关于进一步加强城市规划建设

---

① 熊竞、孙斌栋：《超大城市政区治理：演进逻辑、制度困境与优化路径》，《上海行政学院学报》2020 年第 21 期。

② ［美］朱迪斯·德·容：《新型城市郊区化》，张靓秋等译，华中科技大学出版社2016 年版。

管理工作的若干意见》提出"新建住宅推广街区制，已建小区和单位大院逐步打开"。《意见》中通过将街区制与小区等概念进行比较的方式，从定义上揭示了街区层次对公共属性的重视。正如一些学者对街区的总结一样，作为城市建设布局的又一种新的形式，街区通过围墙的破除以及内部道路的公共化，打开了城市基层单元的物理边界。而在社会层面上，居民之间的共识、惯习等规范性制度要素也在街区的层面体现的更为明显。公共属性的凸显的另一个方面，便是公共治理活动的活跃。街区囊括了更多的公共治理参与主体，其边界对这些主体行动场域的边界有着一定影响。综上，作为承上启下的中观空间层次，街区空间尺度在本研究中被界定为：在城区之下，由多个社区及相邻公共区域构成的空间范围，及其内部公共治理参与主体的行动场域的总和。

其三，"社区"在本研究涉及的三个空间尺度结构中处于微观空间尺度。社区的概念起源于西方社会学研究领域，最早由德国社会学家滕尼斯 1887 年在《礼俗社会与法理社会》中定义为"通过血缘、邻里和朋友关系建立起的有机人群组合，以血缘、感情和伦理团结为纽带"[1]。在国内，费孝通首次将"Community"译成"社区"并界定为"建立在地缘性社会关系之上的地区性的社会"[2]，将社区视作更高层面社会系统的一部分。张明亮、唐忠新将社区视为由居住在某一地方的人们结成多种社会关系和社会群体，从事多种社会活动所构成的社会区域生活共同体[3]。这一定义细化了社区的构成要素，以共同体定义社区从而凸显其整体性。社会学的相关研究重点关注了社区作为人们生活所在的共同体的诸种属性特征，而极少将承载这一居民共同体的物理空间及其演变轨迹视为社区的主要构成要素之一。赵民、赵蔚指出了社会空间与物理空间的复合关

---

① ［德］斐迪南·滕尼斯：《共同体与社会——纯粹社会的基本概念》，林荣远译，北京大学出版社 2010 版。
② 费孝通：《二十年来之中国社区研究》，《社会研究》1948 年第 77 期。
③ 张明亮、唐忠新：《中国城市社区建设导论》，上海交通大学出版社 2008 版。

系，将社区定义为"由居住于某一特定区域、具有共同利益关系的个体组成的，容纳社会互动并拥有及相应服务体系的人文空间复合单元"。① 吴晓林通过挖掘"国家、社会与家庭"的关联关系，将社区视为"一个复合体、一个国家政治社会关系互构频繁的场域"②。

此外，政策文件中的相关表述，为社区的概念界定提供了实践领域的宝贵经验。在新型城镇化持续发展的背景下，社区治理被视为我国治理体系与治理能力现代化的重要一环。《中共中央国务院关于加强基层治理体系和治理能力现代化建设的意见》的"社区"指向的是以行政手段对市域空间的边界划分后所形成的空间及居民。这一社区概念与西方对社区的理解不同，相比于"社"更为强调"区"的作用。基于既有成果、实践经验和新情况下的研究需要，本研究中"社区"空间尺度的学理内涵界定为：在一个或几个街区的空间范围内存在的，物理层面的具象空间和容纳公民、政府、企业等行动者及其社会关系网络、社会活动的抽象空间的总合。

第三节　相关理论梳理

城市运营服务涉及多个学科领域或研究视角的理论概念。从经济学的学科视角切入，"准市场"的概念为企业介入城市管理与运营服务的合理性作以理论解释；从公共管理的角度入手，协同治理理论为企业进入城市管理与运营服务领域的运行机制进行阐释。在此基础之上，更具前瞻性的合供理论为企业参与城市治理与运营实践提供进一步的理论延伸，使之拓展到更为深入的多元主体合作机制之中。

---

① 赵民、赵蔚：《社区发展规划：理论与实践》，中国建筑工业出版社 2003 版。
② 吴晓林：《理解中国社区治理：国家社会与家庭的关联》，中国社会科学出版社 2020 年版。

一　准市场理论：企业参与的合理性

"准市场"概念（Quasi-market）最早由威廉姆森在《市场与层级制》一书中提出[①]，英国学者 Le Grand 和 Bartlett 率先将"准市场"概念引入社会政策研究领域：在供给侧，"准市场"将公共服务供应者和服务购买者分开，并在前者之间引入竞争；在需求侧，政府机构或具有专业技术的代理人通常充当服务购买者，然后以凭单或专项资金的方式将指定的公共服务交付给服务使用者。[②] 公共服务市场化改革实践在全球范围蓬勃发展，出现委托授权、政府撤资、政府淡出等三大类措施，以及合同外包、特许经营等十种具体制度安排。[③] 而国内直接以"准市场"为主体进行的研究相对较少，更多集中于"政府购买服务"以及"公共服务市场化改革"方面；[④] 现有经验研究着重关注于政府购买服务的决策及其影响因素[⑤]，以及政府购买服务的运行机制[⑥]、问题与对策[⑦]等具体问题。

研究者认为，"理性"的官员会利用公共服务生产中信息不对称满足私利，从而损害服务使用者利益、造成公共服务供给的垄断、导致公共部门缺乏提高效率的动机，因此需要用市场机制提升公共服务供给效率和质量，满足民众对公共服务日趋多样化、个性化需求。[⑧]

[①] ［美］奥利弗·E. 威廉姆森：《市场与层级制》，蔡晓月、孟俭译，上海财经大学出版社 2011 版。

[②] Bartlett，Will, and Julian Le Grand, "*The theory of quasi-markets*" in *Quasi-markets and social policy edited by Julian Le Grand and Will Bartlett*，London：Palgrave Macmillan，1993，p. 13-34.

[③] ［美］萨瓦斯：《民营化与公私部门伙伴关系》，周志忍译，中国人民大学出版社 2002 年版。

[④] 徐选国、杨君、徐永祥：《政府购买公共服务的理论谱系及其超越——以新制度主义为分析视角》，《学习与实践》2014 年第 10 期。

[⑤] 韩清颖、孙涛：《政府购买公共服务有效性及其影响因素研究——基于 153 个政府购买公共服务案例的探索》，《公共管理学报》2019 年第 16 期。

[⑥] 周志忍：《认识市场化改革的新视角》，《中国行政管理》2009 年第 3 期。

[⑦] 董杨：《政府购买公共服务中的公共利益及其实现机制》，《行政论坛》2020 年第 27 期。

[⑧] David Lowery, "Consumer sovereignty and quasi-market failure", *journal of public administration research and theory*，No. 2，1998，p. 137-172.

而在城市管理领域，企业以服务商的角色进入城市日常运营，一方面提高了公共服务的供给效率，另一方面也能够适应城市多元共生的发展特性，通过针对性的服务设计维护丰富多样的城市形态，避免“千城一面”的城市同质化问题，为城市的建设和发展注入新的活力。

二　协同治理理论：企业参与的运行机制

协同治理理论（Collaborative Governance）是新公共管理运动背景下，针对上世纪末西方国家资金短缺、能力不足问题而提出的。对于“协同治理”的认识，学界的论述角度及结论不尽相同。经济学领域从委托代理理论的角度论述跨部门生产行为的结构和功能，与上述“准市场”的观点形成理论对话；① 部分研究认为协同治理受集体行动理论以及公共池塘资源理论的影响，关注部门之间的集体行为及资源分配；② 也有学者将“协同”与“治理”拆解分析，前者起源于物理学对于系统构成及内部有序性的研究，③ 后者致力于合理可行的多中心参与机制建构。④

综合上述研究，联合国全球治理委员会的定义得到学界普遍认同：协同治理是个人、各种公共或私人机构管理其共同事务的诸多方式的总和，它是使相互冲突的不同利益主体得以调和并且采取联合行动的持续的过程。其中既包括具有法律约束力的正式制度和规则，也包括各种促成协商与和解的非正式的制度安排。⑤ 在各类社会力量发展壮大的基础上，协同治理理论强调政府与其他利益相关者的协作建立长期稳定的伙伴关系，在共识达成的基础上完成互惠性目标，从而提高公共管理运行效率，降低交易成本，满足多元需

① Le Grand, J, “Quasi-Markets and Social Policy”, *The Economic Journal*, Vol. 127, No. 101, 1991, p. 1256-1267.

② Axelrod and Robert, *The evolution of Cooperation*, *New York*, *NY*: *Basic Books*, 1984.

③ ［德］H·哈肯：《协同学引论》，徐锡申等译，原子能出版社 1984 年版。哈肯·H.：《协同学引论》，徐锡申等译，原子能出版社 1984 年版。

④ Callahan and Richard, “Governance: The Collision of Politics and Cooperation”, *Public Administration Review*, Vol. 2, No. 67, 2007, p. 290-301.

⑤ 全球治理委员会：《我们的全球伙伴关系》，牛津大学出版社 1995 年版。

求，最大程度实现公共利益。① 另外，协同治理理论主张强化对其他利益主体的赋权和增能，在政府引导的基础上实现责任分担、平等协商、利益平衡和信息共享，构建社会协同治理机制框架。② 作为政府之外的重要利益主体，企业一方面拥有参与城市管理运营的资源和能力，能够积极承担社会责任、减轻政府压力；另一方面能够依托自身专业服务优势，与居民维持良好互动，从一定程度上促进了政府、企业、社会公众共同参与、协同治理氛围形成。

三　合供理论：未来可拓展模式方向

在"准市场"阐明企业进入公共服务领域合理性，"协同治理"构建企业、政府多元协同机制的基础上，"合供"理论进一步关注不同主体间的互动性和平等性，为城市运营服务企业进入城市治理的实践提供了进一步深入的可能。合供理论（Co-production）最早提出于20世纪70年代，主张用合作生产概念来形容服务生产者和公众之间的关系。③ Brudney 和 England 对合供提出了较为完整的定义：将公共服务供给过程的参与者划分为常规生产者和消费生产者，合供则是二者一起努力在生产过程中进行资源投入。④ 其核心是消费生产者积极参与公共产品的生产过程，从而改变了服务供给者与消费者之间的关系，使消费者拥有更多归属感和控制权，即政府与公众是同等重要的参与者。⑤ 合供理论虽然提出较早，但直到

---

① Ansell Chris and Alison Gash, "Collaborative Governance in Theory and Practice", *Journal of Public Administration Research and Theory*, NO. 18, 2007, p. 543-571.

② Cooper, T. L and Bryer, T. A. & Meek, J, *From Collaborative Public Management to Collaborative Public Governance: Capacity Building for Sustainability*, Minnowbrook III Conference. September 2008, p. 2.

③ Ostrom, E, "Metropolitan reform: Propositions derived from two traditions", *Social Science Quarterly*, NO. 53, 1972, p. 474-493.

④ Brudney J and England R. "Toward a definition of the coproduction concept", *Public Administration Review*, Vol. 1, No. 43, 1983, p. 59-65.

⑤ [美] 罗纳德. 奥克森：《治理地方公共经济》，万鹏飞译，北京大学出版社2005年版。

近些年才逐渐受到政策研究者的关注，并应用到公共安全①、市政服务②、空间规划③、健康④、社区教育⑤等领域。

随着研究的深入，学界对公共服务供给主体进行了进一步扩展：除政府这一常规生产者，消费生产者归纳为"用户合作生产"和"网络合作生产"两类⑥，前者主要突出公众的角色，与传统政府主导公共服务供给形成对比；后者则是针对公众相对零散、缺乏系统组织这一特征，而将生产主体扩展到政府和公众以外的其他组织（社会组织和企业）。这些主体拥有相对成熟的管理模式和管理经验，能在公共服务供给过程中提高资源整合效率、降低供给成本。这一概念的拓展，一方面对"消费生产者"这一模糊概念进行明确和细分，使得合供理论的应用范围更为广泛；另一方面对协同治理中以政府为出发点考虑其他利益相关者的二元逻辑进行升华，使政府、企业、公众等多元主体在同等地位下理性协商，通过合作实现优势互补。对于企业进驻城市治理来说，合供理论的引入为企业进一步深入城市运营工作机制之中，和政府展开更深层次的沟通协作提供理论支撑，并进一步引导公众、社会组织等其他部门加入协作体系之中，构建公众深度介入、政企社多主体共同参与、平等对话的新型城市治理体系。

---

① Percy, S L, "Conceptualizing and measuring citizen co-production of community safety", *Policy Studies Journal*, Vol. S1, No. 7, 1978, p. 486-493.

② 李雪萍、陈伟东：《分开与连结：社区公共服务机制探析——以武汉市江汉区民族街环卫体制改革为例》，《社会科学研究》2006 年第 1 期。

③ Boussauw K and Boelens L, "Fuzzy tales for hard blueprints: The selective coproduction of the spatial policy plan for planders", *Belgium*, *Environment and Planning C: Government and Policy*, Vol. 6, No. 33, 2015, p. 1376-1393.

④ Cepiku D and Giordano, "Co-Production in Developing Countries: Insights from the community health workers experience", *Public Management Review*, Vol. 3, No. 16, 2014, p. 317-340.

⑤ Dhirathiti, "Co-production and the provision of lifelong learning policy for elderly people in Thailand", *Public Management Review*, Vol. 7, No. 21, 2019, p. 1011-1028.

⑥ 王学军：《合作生产中的公共价值失败及其治理》，《西北师大学报（社会科学版）》2020 年第 57 期。

第一章　新型城市治理与公共服务生产模式转型研究[*]

第一节　公共服务供给与生产模式转型的驱动力

一　制度与技术双重支撑下的外部驱动力与探索

近十年来，与物联网、大数据、机器人及人工智能等数字技术的快速发展相适应，数字政府与智慧城市的建设逐渐成为了政府、企业、社会等各方力量关注的焦点。各地积极探索城市的数字化转型的路径与方案：上海的"城市智能体"、杭州的"城市大脑"、北京深圳等地的"智慧城市"都是相关创新实践的典型代表。智能智慧的城市基础设施建设为管理城市运行、服务城市居民提供了硬件基础和有力工具。然而，城市治理能力和治理水平的根本提升离不开治理方式等"软性"机制的变革。

2017 年全国"两会"期间，习近平总书记在参加上海代表团审议时强调，城市管理应该像绣花一样精细[①]。探索优化大城市的城市治理体系、实现城市精细化管理是新时代对于城市治理的新要

　　[*] 本章节由哈尔滨工业大学人文与社会科学学院团队撰写，团队成员包括：孙涛、陈廷佳、李晨光、于思航、季可晗、战禹丞。
　　[①] 新华网：《习近平的两会时间》，2017 年 3 月 13 日，http://www.xinhuanet.com//politics/2017lh/2017-03/13/c_ 1120620862.htm，2021 年 12 月 10 日。

求。在上榜《2021 年城市商业魅力排行榜》的 49 座一、二线城市中，已有 19 座城市明文出台了城市精细化管理的相关政策、规划或标准，也有一些城市就具体公共服务内容提出相关的精细化要求。市政设施、环境卫生、园林绿化、交通体系、地下管线、供水排水、应急管理等城市日常管理领域在文件中被反复提及。一些文件（如《武汉市人民政府关于全面提升城市精细化管理水平的意见》）在具体业务领域后标注出牵头单位，责任负责单位，以及配合单位、协同单位，这反映出我国政府部门职能划分的内在逻辑。

当前，涉及城市管理领域的政府部门的职能均可以划归为不同的公共服务类型。然而，政府部门的设置和服务领域并不是一一对应的关系，一项服务通常跨越多个横向和纵向政府部门，使得公共服务的供给碎片化。公共服务供给侧的这种碎片化结构往往会映射到公共服务生产侧的组织结构①，特别在以服务外包形式生产公共产品时，分散的服务供给结构可能进一步加剧服务生产结构的碎片化。这种碎片化可以表现为纵向的碎片化和横向的碎片化。纵向的碎片化指一项服务在生产时分为多少个不同但相互联结的环节，组成环节越多，碎片化的程度越高；横向的碎片化指同一服务环节由多少家组织机构参与生产，越多的机构参与，碎片化的程度越高。②例如，固体废物处理涉及收集、运输、处理等多个环节，各个环节可能分包给多家企业生产服务。尽管碎片化的公共服务生产不是必然低效的，但当其小于规模经济效应时，公共服务生产就会面临较

①　公共服务的供给（provision）与生产（production）相分离是过去几十年来公共管理理论与实践不断碰撞的结果。公共服务供给是指政府等公共部门有关财政支出的决定，它强调对于公民需求的回应性；公共服务生产则强调组织服务生产的高效率，各类公共和私人部门都可以参与进来。当面对需求时，地方政府首先需要决定的是究竟要不要提供该项服务（即，是否财政拨款），其次考虑的是该项服务生产的组织形式（即，由谁以什么形式在何种范围内生产该项服务）。基于对服务类型、自身规模大小、社会力量等各种因素的综合考量，公共部门选择以内部生产、政府间契约、特许经营、外包购买民营企业服务等方式组织公共服务的产出。

②　Oakerson and Ronald, *Governing Local Public Economies：Creating the Civic Metropolis*, Oakland California：ICS Press, 1999, p. 63.

高的协调、交易成本。

为了适应精细化、标准化、全覆盖等新要求，多地在有关城市精细化治理的文件中，就管理体制和工作机制方面提出了相关改进办法，强调"大城管与联合执法""条块结合"以及"部门联动"，尝试优化公共服务供给侧结构。例如，大连、武汉等城市成立了相关工作领导小组，并以此为机制对政府内部提供城市公共服务的相关部门进行统筹协调。简而言之，这一机制试图通过以组织内部命令的方式来减少组织间协调的交易成本。

与此同时，另外一些地区尝试从公共服务的生产结构入手，来实现城市治理精细化、专业化的目标。横琴新区"物业城市"就是这一领域的典型创新实践。这一模式"将整个新区'打包'作为一个物业进行统筹管理，部分可通过社会各大专业团队实现办理的事务，将全面交由社会力量进行服务运营"。① 换句话说，横琴新区通过一家城市运营服务企业——大横琴城资公司对公共服务的生产端进行资源整合，降低服务成本，实现城市管理的专业化与精细化。

综上，新型城市治理所面临的外部驱动力与阻力主要来自于城市管理智慧化、精细化的要求和传统政府组织架构之间的张力。传统的城市公共服务供给主要从政府组织构架和机构职能出发，把服务放到职能部门，再由部门组织服务生产，管理较为碎片化且粗放；新时代城市治理要求将关注的重点从提供服务的各个部门转向服务类型本身，从服务内容的自身特点出发，或整合服务资源，或分解服务要素，以实现精细化和专业化的目标。城市管理知识的专业化、制度体系的复杂性，以及组织间的高依存度使我们越来越需要以多元协同的方式来解决治理中的各类复杂问题。② 同时，已有理论和过往实践已经证明公共服务的生产侧与供给侧的可分离性，

---

① 沈体雁、赵振武、吴晓林、温锋华：《物业城市理论与实践——横琴新区城市治理创新模式研究》，社会科学文献出版社2021年版，第38页。

② Ansell, Chris and Alison Gash, "Collaborative Governance in Theory and Practice", *Journal of Public Administration Research and Theory*, No.18, 2007, p.543-571.

表明该领域内政企合作多元协同具有可行性。

二 主要行动者的内在驱动力与差异

尽管上述论证表明，我国新型城市治理的发展阶段和制度环境需要以多元协同的方式来提供公共服务，解决治理难题。然而，在现阶段，各地政府对于转变公共服务生产模式、多元协同治理城市事务的意愿和能力存在较大差异。这种差异会受到各地政府的治理能力、治理难点、在治理体系中所处的结构性位置，以及政府部门主要负责人的年龄、教育背景、工作经历等因素影响。

这些组织的内生驱动力会影响各地对于新型城市治理模式的接纳程度和采纳速度。然而，大量实践表明，组织对于创新政策与实践的采纳呈"S"形趋势（如图1-1所示）。也就是说，当有足够多的地方政府投入到多元协同的新型治理模式中来时，其会形成强大的"同侪压力"，迫使后进者也加入进来。因此，与是否接纳和参与政企合作和多元协同相比，这些内生要素更重要的意义在于其在城市运营管理过程中扮演的角色，以及对于治理效果的影响。

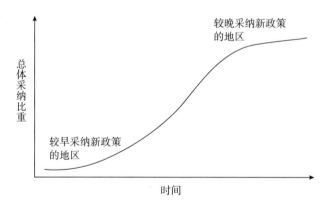

图1-1 创新扩散典型趋势[①]

[①] Rogers and Everett M，*Diffusion of Innovation*（4th Edition），New York：The Free Press，1995，p.11.

第二节 新型城市运营管理及服务的基本要素与案例分析

本节聚焦城市运营管理及服务内部，提取公共服务生产过程中的各个要素，并通过实际案例分析来检验各要素在实践中对城市治理模式的转变和运行发挥的作用。

一 基本要素概述

（一）服务内容的明确

明确所要解决的焦点问题是协同治理的首要任务[①]，不清晰的焦点目标往往导致合作初期的困境。识别焦点问题的途径和方法具有多样性。一方面，政府部门在政府间合作、与非政府利益相关者的区域协同、政府与社会资本合作等多种类型的协同治理中发挥着主导作用，也深刻影响着焦点问题的确定；另一方面，识别发现待解决、可解决的焦点问题本身就是协同合作的一部分，需要各主体间相互沟通和互动并通过集体学习的方式逐步明确下来。[②]

在探索新型智慧化、精细化城市治理模式的过程中，焦点问题通常以服务主题的形式出现。例如，城中村综合整治、城市更新、垃圾清运就分别是一类服务主题，在很大程度上是通过政策文件的引导确定下来的。例如，深圳市福田区在 2021 年 5 月正式出台《福田区"物业城市"改革总体方案》（以下简称"总体方案"）中规定了"物业城市"改革首批业务参考清单；其辖区内各街道根据该参考清单就"物业城市"的相关事项展开探索与创新。再比如在雄安新区，"1+4+26"规划体系为区域内的城市管理与运营提供

---

① Emerson ed. , "An Integrative Framework for Collaborative Governance", *Journal of Public Administration Research and Theory*, No. 22, 2011, p. 1–29.

② Emerson ed. , "An Integrative Framework for Collaborative Governance", *Journal of Public Administration Research and Theory*, No. 22, 2011, p. 1–29.

了制度支持与顶层设计。

尽管上述政策文件是在不断修订尝试中制定出来的，然而在城市治理中，服务主题与事项清单并不能简单替换成为服务内容。后者需要明确在该项服务整体的纵向链条中所处的位置与环节以及在横向空间内服务的范围，突出具体情境下的具体需求、矛盾焦点，而这些需求需要得到各利益相关方的共识。服务内容越是清晰具体、焦点问题的共识度越高，城市治理模式的转型越容易得到推进。

（二）服务内容的规模经济效应

规模经济效应是影响传统政府服务外包决定的重要因素之一。以往研究发现，人口规模偏小或较大的城市更倾向于将公共服务外包出去：人口规模偏小的城市由于公共服务内部生产的规模经济效应较低，而倾向于将服务外包；而人口规模较大的城市将公共服务生产外包后则会对后期的管理产生较大压力，管理成本的增高抵消了规模经济带来的收益。①

在新型的城市公共服务的生产中，规模经济与管理成本同样影响着政企合作的达成、推进与效果。因此，城市运营服务合适的空间维度的选择需要平衡规模经济与管理成本之间的相互作用。与此同时，由于在服务生产过程中对于人力、物力、财力的投入需求的差异，不同服务类型（如市政道路与消防安全）以及不同类型服务的各个要素与环节（如道路的清洁与道路的维护）的经济规模也可能各不相同。因此，公共服务生产的最优的空间维度（如城区、街道、社区）可能会随着服务类型的变化而变化。

（三）服务生产的主要行动者及其政策偏好

传统政府服务外包由各个职能部门将部门内部所负责的分类服务外包给第三方企业或社会组织，因此政府部门职能的碎片化也会

① Oakerson and Ronald, *Governing Local Public Economies: Creating the Civic Metropolis*, Oakland, California: ICS Press, 1999, 26-28.

由公共服务供给方传递到公共服务的生产方，从而造成重复低效或服务缺位的情况。新型的智慧化、精细化的城市治理模式旨在重塑公共服务"最后一公里"的供给与生产模式，这就需要打破、整合原有的末端城市管理与服务体系，影响原有组织内及组织间的架构及相关方的职能与利益，因此就不可避免地涉及多个主体和利益相关方的协同行动。

就服务内容而言，涉及单一或较少利益主体的服务内容更易在合作初期就得到推进。就运营空间而言，建成区和新城新区政府架构的不同，其在提供和生产公共物品过程中所涉及的主要利益相关方也各有不同。一般而言，由于历史包袱小、原有的"最后一公里"公共服务供给体系较弱，新城新区利益整合相对容易，而传统建成区则面临着来自条块分割的更大挑战。

（四）互动参与机制

线下/线上对话、建立相互间的信任、理解及可信性承诺是保障合作成功的重要因素。① 大量研究表明，通过有效的互动机制，具有不同目标、背景、利益的各参与主体能够挖掘、发现、明确共同的合作动机和利益，② 更新相关知识，③ 提升各主体参与协作能力，④ 从而推进相关治理方案的输出，并提升治理效果。

在实践中，上述各要素会相互作用并共同影响合作进程与效果：服务内容与焦点问题决定了谁是利益相关方；各利益相关方及其偏好也会影响服务内容的确定与共识的达成；互动参与是促进共识达

① Ansell, Chris and Alison Gash, "Collaborative Governance in Theory and Practice", *Journal of Public Administration Research and Theory*, No. 18, 2007, p. 543-571.

② Leach, W. D. ed., "Fostering learning through collaboration: Knowledge acquisition and belief change in marine aquaculture partnerships", *Journal of Public Administration Research and Theory*, No. 24, 2013, p. 591-622.

③ Gerlak, Andrea K., and Tanya Heikkila, "Building a Theory of Learning in Collaboratives: Evidence from the Everglades Restoration Program", *Journal of Public Administration Research and Theory*, Vol. 4, No. 21, 2011, p. 619-44.

④ Jager ed., "Pathways to implementation: Evidence on How Participation in Environmental Governance Impacts on Environmental Outcomes", *Journal of Public Administration Research and Theory*, Vol. 3, No. 30, 2020, p. 383-399.

成、建立信任的重要途径。因此，各要素与政企合作和服务效果之间的关系通常是非线性的，并需要通过较长的周期才能将多元协同的城市运营服务模式的效果完整地呈现出来。①

二 案例分析

（一）横琴新区：全国首个"物业城市"案例②

横琴新区位于广东省珠海市横琴岛所在区域，毗邻澳门特别行政区，是国家为促进澳门经济适度多元化发展而设立的国家级新区。作为"深化改革开放和科技创新的先行区"，为探索城市治理创新模式，在横琴新区管委会综合执法局的组织下，2018 年 9 月珠海大横琴集团有限公司以控股 60% 和万科物业发展股份有限公司（以下简称"万科物业"）参股 40% 的形式共同成立珠海大横琴城市公共资源经营管理有限公司（以下简称"大横琴城资公司"），万科物业作为市场化企业主体，进行合资公司的运营管理。双方经过多次调研论证，最终形成了以城市公共空间管理为主、城市服务和城市运营为辅的"管理+服务+运营"城市空间整合服务体系，明确了服务项目及工作内容细则、工作流程及要求和项目管理考核办法，确定城市服务需求为市容环卫、道路桥梁养护、城市照明、园林绿化、水利设施、综合管廊管养、自然村公用设施管养、垃圾分类及清运等市政管养类需求和机关物业管理和安保服务、村居物业、"大物业、大综合、大执法"城市管理服务、横琴指挥中心统筹管理服务、辅助信访矛盾调解服务、口岸及建筑工地疏导点管理服务、城市管理及国有土地储备管理服务、红旗村及 9 个自然村智慧停车管理与服务。截至 2020 年 8 月，大横琴城资公司总资产已增加 13 倍，全岛市政管养机械化率从 40% 提升至 75%，13 个物业项

① Elizabeth，B，"Why and How Does Participatory Governance Affect Policy Outcomes? Theory and Evidence from the Electric Sector"，*Journal of Public Administration Research and Theory*，Vol. 3，No. 30，2020，365-382.

② 本案例系由作者根据《物业城市白皮书（2020）》（李伟辉等，2020）及其他网络公开资料整理而成。

目应用万物云城信息化系统，如智慧停车管理系统等，环卫、绿化、综合管廊3个管理系统正式上线，城市照明、垃圾清运、电缆沟运维、水利运维等4个系统建设正在推进。

"物业城市"运营的顺利开展得益于横琴新区独特的空间区位。横琴新区位于横琴岛，四面环水，其行政区划相对独立，避免了管理边界模糊和不可分割等问题，因此横琴新区管委会具备相对自主的行政权力。同时，作为新区，原有组织架构相对薄弱，利益整合相对容易，阻力较小。加之横琴新区借鉴国际、我国港澳特别行政区的城市治理经验，积极推进跨领域、跨部门的综合执法，整合安监、环保、国土、城管、交通、食品药品监督等15个执法主体，设立了全国自贸试验区第一个综合执法局，集中行使25大类行政处罚和7类审批管理限，这为"大执法、大物业"提供了组织基础，提升执法监管效能。此外，作为"物业城市"的相关利益主体，政府、大横琴城资公司、民众及社会组织间也形成了"线上"+"线下"的良好互动机制。

线上方面，横琴新区已建设"地上空间"市政管理数字化平台和"地下空间"综合管廊运维系统，实时监控全岛工作人员、车辆和具体的作业情况，对大横琴城资公司目前在管的各类城市部件信息，从路灯、树木、环保垃圾屋到公交站台、城市桥梁、地下人行通道都能够在大横琴城资公司的综合指挥中心的数字大屏上进行可视化的管理和监控，并24小时收集市民或政府上报的养护任务或报警案件，做到及时知晓、及时处理。同时，"物业城市"APP正搭建跨区域接入系统平台，支持不同区域应用接入，实现综合执法、应急管理、安全生产、公共安全等全部门的协同互动和即时联动，并推进多服务功能的统一身份认证服务，实现政府提供工作流引擎服务。在引导市民参与城市治理方面，"物业城市"APP通过城市服务抢单等功能，将部分城市服务向社会主体适当放开，初步实现市民参与城市服务的服务认领、服务监督和服务评价机制，并通过累积服务积分和积分商城等方式建立激励机制，对于志愿者则提供一定额度的人身意外商业保险和志愿补贴予以激励。APP 系统的审核、积分兑换或变现环节一概采取网上操作，并经必要的评价便可获得相应的奖励和服务。经过市民参与、大横琴城资公司的前期处置，执法人员可以集中力量更专注于后期疑难事例的处理，源头治理和执法后移，大大节省了行政成本。

线下方面，横琴新区实施"基层党组织 + 城资公司运营"的做法，成立自然村物业管理中心，在横琴新区 9 个自然村进驻专业物业团队，每个村配齐驻村管理员、客服、保安、保洁等标配人员，并组建机动的工程维修队，为各村提供必要的公共设施维修保养服务。为解决横琴新区各工地建设者的衣食住行问题，大横琴城资公司也联合政府相关部门建设、运营"十字门集中点"和"银鑫花园创意集市"，为流动摊贩提供场地和公共基础设施与服务，满足其生活需求。在社会组织参与治理中，横琴新区管委会联合大横琴城资公司筹建了"橙子调解工作室"，作为专业机构前期介入各类调解，引进具备法律背景并拥有相关资质的专业性人才，充当好政府线上线下的"客服"角色。实现前端分流及时化解，以市场化的专业调解手段前置解决一般性事项，将原政府主导的调解机制转移至后端，集中力量专门处理情况复杂、诉求难以解决的调解事项。

自"物业城市"运营以来，虽然横琴新区治理精细化水平、服务质量、群众满意度等方面均得到了提升，但实际运营仍有可细化的空间。目前，城资公司的业务领域涵盖 16 大类。随着"物业城市"运营空间和业务领域的增加，涉及地下综合管廊、河流水质、弃土场等新的设施服务场景中，政府的行政权力仍发挥主导作用，大横琴城资公司自主决策空间较小，实际发挥的作用甚微。同时，横琴新区提供的服务与运营范围较广，种类繁多，各业务线内部的考核标准没有统一，各社区的公共服务供给也缺乏标准，珠海市政府、横琴新区管委会对区内与大横琴城资公司相关的各项业务的考核指标体系各不相同，使得大横琴城资公司在实际服务提供和城市空间运营中缺少突破口，这也可能降低"物业城市"运营商提供的服务质量。实际上，随着政企双方合作的加深，对服务提供的需求就要更加精细化，政企双方的权责边界在不同生产空间、不同服务类型中也必然各不相同，上述问题的发生就源于政府内部、各级政府间、政府与大横琴城资公司间对具体空间内的具体服务内容仍然界定不清晰，相关利益主体的需求仍有模糊地带且未达成共识，政府想要把涉及"条"的服务外包，但又没有适当放权，政企双方就每种服务类型、每项服务内容的考核方式仍需细化，当双方就这些部分达成共识时，也会使服务的具体内容更加清晰和精准。而焦点问题的具象也会推动政企间的进一步合作和"物业城市"运营服务水平的提高。

横琴新区管委会将可外包的服务进行统一打包，外包给大横琴城资公司，由这一运营服务商再进行部分服务的专业化的拆分、重组和转发分包，虽初步形成城市服务"政府—总包商—服务商—市民"产业链，形成城市服务产业集群，实现规模效益。值得注意的是，横琴新区仅 106.46 平方公里，常住人口约 53000 人，规划面积和常住人口在众多新区中相对较小，政府层级较为单一，且由于其独特的地理优势，均使得横琴新区政企合作模式的可复制性有待考察，使其在不同服务类型和不同类型服务各环节的经济效益有待验证。

（二）沙头街道："全域智能运营"的城市运营服务探索①

沙头街道位于深圳市福田区西南部，东起新洲路与福保街道相连，西至海园一路与南山区沙河街道毗邻，南临深圳湾与香港元朗隔海相望，北达深南大道为界与莲花街道、香蜜湖街道接壤，辖区面积约 13.59 平方公里。街道下辖 12 个社区、14 个居委会和 5 个集体股份公司；截至 2020 年 9 月，辖区有常住人口 31 万人，其中，户籍人口 7 万人，流动人口 24 万人。长期以来，沙头街道面临"三老一城"多、超高建筑多、人员密集场所多、流动人口多的"四

---

① 本案例系由作者根据实地调研访谈资料及万物云城内部相关资料整理而来。

多"问题严重，为街道的安全、维稳问题带来严峻挑战。

2020 年 1 月，深圳市福田区"物业城市"试点工作如火如荼地开展，并发布《福田区"物业城市"改革总体方案及配套实施方案》。沙头街道因其在市政府的相关绩效考核排名中长期处于低位，所以表现出了很强的合作意愿。2020 年 12 月，万物云城作为城市运营服务商，在沙头街道党工委的主动邀请下进驻街道开展工作，并达成"全域智能运营"的工作思路。首先，以数字平台为抓手，对服务资源的整合进行技术支撑，为万物云城的城市运营服务贡献核心竞争力；这一平台将城市运营服务商与专项业务承包商之间的供应链打通，形成内部闭环，不仅对各个城市管理板块的需求及相应资源进行统筹管理，减少了工作流程，还为解决了跨平台间的监管难题提出尝试，但与政府信息的对接工作仍处于起步阶段。其次，以城中村管理业务为契机，万物云城承接了上沙村东村、下沙村等城中村管理业务，与承接当地市政业务的村股份公司合作，在人员层面向其输送职业经理，在组织层面则对其进行品牌包装，以"物业服务中心"的形式作为新对接业务的开展平台。再次，根据街道痛点，以直接委托的形式承担街道的环卫服务工作，使其环卫测评排名由全市 62 名提升至全市第 8 名，由此通过公开招标的方式承包了街道全部市政相关服务。基于上述过程，万物云城已逐步介入到沙头街道垃圾转运监管，市容巡查、环卫保洁等工作中，并利用自身在供应链端的资源和经验，力图实现各项服务间高度整合化的调度和管理。

沙头街道和万物云城最初的共识达成，是基于政府自上而下的"物业城市"推广试点和街道自身的痛点问题：以福田区"物业城市"总体方案为纲，城市运营服务应着眼于安全、品质和廉洁三大目标，通过城市运营服务企业的专业性服务、统筹性整合和规范性流程来实现。街道在响应上级政府建设"物业城市"号召的基础上，还要解决自身市政环卫工作效果长期不佳的问题，而这一问题的成功解决迅速为万物云城和沙头街道的合作打开局面。然而，在

此基础之上，政府又对"物业城市"的推进提出了新的诉求：基于
政府兜底三无小区、老旧小区以及城中村物业管理成本过高且可持
续性不足的问题，政府希望将压力转移到城市运营服务商，以集中
精力应对城市治理的前置问题。城市运营服务商负责提供专业化、
精细化的服务，由政府负责打通部门壁垒，协调各个部门并进行服
务整合，最终通过智慧化平台实现流程再造。针对居民需求多样、
市政服务灵活的现状，政府希望城市服务各市场化企业之间形成资
源整合机制。但是，一方面城市服务市场化企业存在固有的经济属
性，老旧小区物业管理等工作缺乏基本的盈利点；另一方面城市服
务市场包含竞争机制，同行间的沟通也存在瓶颈；与此同时，万物
云城依托智慧化管理平台进驻街道层面的城市运营服务、通过智慧
化手段打通部门壁垒的模式也与政府的逻辑产生冲突。综上所述，
政府与企业合作开展城市运营服务改革，虽然形成了总体的合作方
向，但是在具体的利益诉求和运行逻辑上存在彼此错位的问题，阻
碍了焦点问题的形成。

在福田区的试点街道中，沙头街道的"全域智能运营"改革推
进程度最高，成效也最为显著。当前城市运营服务改革工作在街区
层面主要涉及公共空间清扫保洁和巡查监督。通过公开的招标的方
式，万物云城承包了全部的一线作业业务，其经营模式与直营接
近。在此模式下，企业、街道和居民是主要的利益相关群体，三者
的偏好能否有效叠加是合作效能的重要影响因素之一。在调研中发
现，城市治理改革中的互动以基层街道和城市运营服务商为主要参
与者，万物云城依托自身在环卫清洁等传统城市服务领域中的丰富
经验和既有资源，通过"走出小区红线"获得规模效益；街道则借
由将相关公共服务事项转交于城市运营服务商，提升服务质量的同
时提高了财政资金的使用效率，在相关绩效考核中成绩大幅提高。
街道与城市运营服务商在合作事项偏好上的一致为合作在前期的顺利
进行提供了基础性保障，但对居民需求及偏好考虑不足则会阻碍后续
合作向微观层面深入。在社区尺度，空间范围的缩小使得公共事务变

得更加具体，居民的可参与程度有所增加，其自身利益边界也随着互动的频繁而逐渐明晰。倘若在合作过程中忽视居民的实际需求和对公共服务的偏好，城市运营服务改革方案所提出的目标将存在与居民的既得利益发生冲突的风险。在"三无小区"的纳管工作中，政府以财政资金为此类小区提供较为基本的公共服务，政府的兜底变成了一种变相的福利，市场化企业的进驻反而被视作福利的损失。

　　城中村的情况则更为复杂。当前的城中村中有着村股份公司作为稳定的城市服务供给者，所面对的主要矛盾来自于自身管理能力水平与居民高质量城市服务需求之间的差距。利益相关者的增加，降低了达成一致的可能性，尤其是在万物云城与村股份公司之间。对此，万物云城创新性地提出与村股份公司合作组建物业综合服务中心，将两个组织的既有边界打破，在依照双方优势进行分工的基础上，对城市服务生产流程进行整合再造。在此模式下，村股份公司得以借助万物云城专业的管理团队及先进的信息技术，完成内部管理制度及管理技术的更新；万物云城能够依托村股份公司现有资源展开工作，降低沉没成本，并将组织间的距离通过组织内部跨部门沟通的方式大大缩减，双方在优势互补的同时建立起紧密的合作关系。在实际调研过程中，物业服务中心得到了来自万物云城方面的高度肯定，虽然其实际效果有待观察，但仍不失为一次积极的实践探索。

　　良好的沟通能够增进参与主体间的互信，而信任的建立则是合作成功的有力保障。在沙头街道"全域智能运营"改革过程中，所涉及的最为关键的沟通机制是政府与企业之间的沟通协调。一般来说，由于政府与企业截然不同的组织属性，其各自场域内的专有化知识以及规范性要素有着极大差异，两个组织间的沟通会更多依赖具有跨领域行动能力的行动者，耗费在沟通上的诸种成本较高。如何破除政企间沟通壁垒，值得合作双方仔细思考。在本案例中，万物云城通过在基层政府部门附近设立办公室的方式对这一问题作出了回应。此举打破了地理上的隔阂，在提高沟通效率的同时，还促使双方行动者更多以面对面的形式进行互动，进而拉近双方在社会空间中的距离，为建立互信提供良好基础。在组织结构方面进行调整有助于增进管理层之间的沟通，然而在基层，尤其是在具体的工作中，沟通机制不健全并未得到明显的改善，是绩效提升所面临的主要阻力之一。举例来说，在基层市容市貌及安全巡查工作中，拥有执法权的街道工作人员仅为万物云城社会巡查员的九分之一，无论是出动频率还是覆盖范围都远低于没有执法权的社会巡查员。这便意味着双方在执法问题上需要频繁地进行协同合作，双方之间协调工作以及交换信息的具体机制便是其中的难点所在。

市场化企业参与城市治理改革的核心驱动力便是追求新的利润增长点。规模经济效应是城市运营服务商能否从所承接的公共服务中持续获得盈利的重要影响因素之一。在调研过程中，城市运营服务商当前所承接的各种类型业务在总体上大致处于收支平衡，鲜有盈利。对此，其工作人员认为主要原因在于街道范围内公共服务的供给规模小而分散，难以形成集聚效应，其实际成本远高于预期。具体而言，当前城市运营服务商在多个社区分别开展多种业务，需求量的企高推动了运营团队规模的增加，然而团队规模的扩大只是人员的不断扩充而非结构的优化调整，因而其增加的收入被团队建设成本所抵消。另一方面，城市运营服务商以信息技术为主要抓手，对相关公共服务供给流程进行优化再造。然而，在社区层面的数据量极为有限，不足以支撑 AI 等大数据技术顺利应用，导致当前在核心流程上仍需人工完成，效率瓶颈无从突破。针对上述问题，将城市运营服务相关改革工作上升至宏观的街区或市区层面是重要的解决途径。在更为宏观的空间尺度中对公共服务进行事项梳理、流程调整并整体打包转交于城市运营服务企业，不仅有助于其在公共服务生产中找到成本最低点，同时还将通过减少政府的管理成本。此外，由深圳市政务服务数据管理局牵头在市区层面统一规划建设智慧平台，对内打通政府内部不同条线的数据流转通道，对外则给予企业以统一的数据接口，降低企业搭建信息平台成本的同时，方便其将数据上传由政府进行整合后供居民使用。

反观另一个位于深圳市福田区的 Y 街道，同样在《福田区"物业城市"改革总体方案及配套实施方案》指导下，也有城市运营服务企业于 2020 年上半年开始派驻运营组开展城市运营服务工作。该街道辖区面积约 2 平方千米，下辖 8 个社区和 5 个城中村。据最新统计，辖区内总人口约 24 万，其中户籍持有者占比 55.4%，流动人口占比 44.5%，人口密度极高。且受邻近区域经济活动的深刻影响，该街道辖区内的以电子产品为主的批发零售行业及相关服务行业兴盛繁荣，日人流量达 10 万余次。商业的繁荣伴随着人口流动程度的提升，街道辖区内聚集了大量临时住户，相应的安全风险和管理难题随之而来。街道对提升基层安全管理工作能力的迫切需求，是此次 Y 街道城市运营服务改革的驱动力之一。

然而截至 2021 年 7 月，Y 街道内三无小区（即无物业管理公司、无业主委员会、无物业专项维修资金）纳管工作仍处于起步阶段；在城中村集约化托管方面，城市运营服务企业虽然与村股份公司合作设立了物业服务中心，整体工作却没有实质性进展；在公共安全监督管理工作和市政环卫服务中，城市运营服务商仅涉及人员培训等边缘业务；在协助社区推进"党建+物管"服务模式和市政基础设施维护服务方面，城市运营服务企业为社区提供了移动端的党建宣传平台及配套的居民报事小程序。相比于其他试点街道，Y 街道的城市治理改革现状主要表现为企业对业务介入不足以及主要业务领域改革进度停滞。各试点街道在基本情况、改革基础以及自然禀赋等方面的确存在一定差异性，但这种差异不足以为它们改革进度、现状的显著差异提供较为充分的解释。通过对该街道以及其城市治理改革牵头人的访谈调研，本研究试图进一步探寻其改革进度迟滞背后的原因。

合作是由行动者在其行动场域中的互动形式之一，行动者间的合作行为受客观条件所施加的限制。从外部因素来看，政府内部的"条块分割"以及街道层面的职责不清、权责分离、职能交叉现象在本案例中阻碍了合作的进行。不同业务分属不同部门，而"条"①上的职能部门难以保持良好的互通，街道办也缺乏整合业务的相关权限，大量协调、沟通成本随之产生，改革推进工作本身也备受掣肘。另一方面，作为区政府的派出机构，街道办的组织架构并不健全，注意力、执行资源极为有限；但在压力型体制下，各类任务通过不同"条"层层下压、汇集于基层，街道办的注意力、执行资源往往主要用于最为紧迫的任务，相对紧迫性、重要性较低的任务常被变通执行、应付执行。

上述结构性因素引发的问题，一方面削弱了街道作为行动者的行动能力，另一方面也削弱了其合作意愿。在缺乏制度保障的情况下，政府的相关职能即便由市场化企业逐项承接，也无法真正在街道层面实现整合。破解这一外部因素造成的障碍，需要在更为宏观的层面理顺条块关系，对现有政府工作流程进行必要的优化，这也意味着城市运营服务改革不仅应当局限于街道，而应当在区或更为宏观的层面统一开展，然后逐步下沉到基层。

同样，因为缺乏中观和宏观层面的统筹规划，该街道的城市运营服务改革出现了业务规划与实际运行脱节的现象，大量城市运营服务的核心业务仍在外包合同的有效期内，城市运营服务商无从接手。这在阻碍合作进一步开展的同时，也导致企业前期投入增加，间接增加了未来合作的潜在风险。

上述外部影响因素对于合作起到了一定的消极影响，但因各试点街道普遍面临类似问题，所以并不足以解释 Y 街道与其他街道间的差异，这意味着应当对其合作内部的影响因素进行深入剖析。

焦点问题是合作开展的基础，并随着合作过程中行动者间的持续互动而被不断建构。焦点问题的识别与确定是一个动态进行的过程，并且受到利益相关者的参与程度和沟通机制的影响。在 Y 街道

---

① 行政管理领域讲到"条"或"块"指条块分割，属于专业术语。"条"指由中央直属部委自上到下的一种指挥体制，属于垂直、纵向管理。例如，国家税务局对各级（省、市、区）税务部门的管理，就属于"条"。

城市运营服务改革实践中，焦点问题仅仅在较为宽泛的层面上得到双方的确认，但对于具体情境中的具体需求和矛盾焦点，政企双方尚未建立足以推动合作继续深入的共识基础。在其改革实施方案中，Y街道将提升公共空间安全管理能力被视作基层治理中最为重要的部分，三无小区与城中村的高质量物业管理服务提供则次之。由街道办主导的改革内容优先级次序，为双方的合作范围提供了边界，在一定程度约束了城市运营服务商的行动，而市场化的城市运营服务商参与城市治理改革的直接驱动力是盈利。不难看出，政府试图通过引入市场化力量来解决自身所面临的困难，但城市运营服务商所关注的则是探索公共服务生产的利润空间，合作双方在对合作范围的边界划定上并没有达成共识。合作双方在焦点问题上的浅层共识，使得合作范围边界变得模糊不清，所导致的直接后果便是政府与企业之间的职能转移受阻。

与横琴新区不同，Y街道设立已近40年，其职能与组织架构健全完备，辖区内居民较多且社会组织活跃，这意味城市运营服务改革工作将不可避免地涉及更多参与者的利益。通常来说，当参与合作的利益主体数量较少时，利益分化程度和沟通成本往往处于较低水平，相对易于形成一定程度的共识，合作通常会开展得较为顺利。而在行动者数量较多的社会空间中，复杂甚至相互冲突的利益诉求则会成为合作的阻碍。在访谈过程中，来自政府的受访者明确提到当前的一些职能都有经费以及相应人员在运作，若是将职能转移给城市运营服务商，便会涉及这些人员转制、调配以及安置等问题。然而，社会空间拥挤并不代表着利益相关者的充分参与。合作不仅是沟通和互动，更是集体学习的过程，倘若其中参与者没有覆盖足够多的利益相关者，那么学习的效果会受到影响，特定群体的也会遭到忽视。事实上，Y街道案例中，城市运营服务商主要是与街道办为代表的政府进行磋商。诚然，街道作为居中协调的主体，有助于增加市场主体活动的合法性，但这并不必然促进双方之间互信关系的建立以及相应社会资本的增加。街道层面的公共服务供给的一个突出特征便在于，生产者数量相对有限；存在充足的生产者却是市场机制发挥作用的基本前提。这意味着，城市运营服务企业需要综合运用多种机制来对公共服务的生产进行协调，与下级分包商（公共服务具体生产者）互信关系的建立以及社会资本的积累便显得尤为重要。

最后一个在调研中观察到的改革阻碍因素，是不同利益主体间的互动参与机制的匮乏。造成这种匮乏的主要原因在于，纲领性的实施方案并未赋权于市场化企业，以使其开展统筹、协调等相关必要活动。在制度层面合法性支持缺位的情况下，城市运营服务商只得依赖街道既有的沟通机制与社区内的参与主体建立联系。既有沟通机制本不健全，而新机制难以建立。由于互动参与机制的匮乏，企业与政府间的沟通不畅、存在信息递阻塞等问题，无法通过其他主体的有序参与而得到一定程度的弥补，由此产生的合作困境也继续向下蔓延。

综上，Y 街道的城市运营服务改革受制于上述结构性、机制性、能力性等阻碍因素，也受限于各阻碍因素之间的相互作用，目前可谓进展甚微。需要注意的是，合作内所出现的种种障碍与合作的诸种环境之间有着直接的联系。未来，在街区乃至城区层面对城市运营服务改革进行更加细致的规划、做出更加精巧的制度安排以及服务供给成本的测算，对于其在社区层面的顺利推行将起到不可忽视的推动作用。

（三）福保街道："全域智能运营"的股权模式探索案例①

福保街道位于福田区核心地带，是福田区委区政府所在地，面积 5.01 平方公里，下辖 5 个社区工作站、福田保税区及石厦村股份有限公司，总人口约 21.85 万。其中福田保税区面积 1.35 平方公里，属于深港科技创新合作区 B 地块，现有企业 2000 余家，从业人员近 10 万，是深圳进一步改革开放的"先行区"以及深港协同、

---

① 本案例系由作者根据实地调研访谈资料及万物云城内部相关资料整理而来。

国际国内创新资源双向流动和高效聚合的最佳接合部，拥有中央给予的特殊政策和毗邻中国香港的双重优势，是福田区乃至深圳市的重要税源聚集地。

得益于区政府城市运营服务改革工作的整体推进和街道党工委书记的全力支持，万物云城于 2021 年 2 月 1 日正式派遣运营工作组入驻。结合辖区内业态类型多元、服务内容复杂的特征，街道牵头万物云城与深福保集团展开磋商，于 2021 年 4 月正式达成一致，由深福保集团指定的全资子公司深圳市福保物业发展有限公司与万物云城共同出资设立合资公司——深圳市福保万物城市资源经营管理有限公司（以下简称"福保城资公司"），以股权合作的模式推进城市运营服务探索。在此基础上，福保城资公司操盘统管"全域智能运营"的城市服务业务，将辖区各领域公共管理业务中"管理+服务+运营"流程进行业务链条的整体统筹贯穿，打造"1 个城市服务管家、3 种服务合作方式、1 套管理服务谱系、1 组法律保障支撑"的"1311"模式。截至 2021 年 7 月，福保城资公司已在环卫清洁、园林绿化、市政设施建设及综合巡查等日常城市管理领域开展工作，使得街道的环卫工作获得显著进步，第一季度全市市容考核排名第一；充分拟合管理与技术优势，协同街道党政办开展"智慧城市"建设，通过智能工单系统聚拢环境卫生、小散工程、市民投诉等一系列城市问题，为城市管理流程的更新提供技术赋能。具体的项目中，"全域智能运营"的城市服务已入驻石厦南公交总站宿舍楼片区，实现街道"三无小区"清零；与石厦股份公司成立众孚物业综合服务中心，以顾问的形式参与城中村的运营服务工作，进行专业的赋能和管理；合资公司撬动外部资源合计 1933 万元，以合资公司为主体的城市运营服务正在由保税区为起点向全域拓展。

福保街道"全域智能运营"项目的开展是在福田区政府的统一政策安排下开展的，具有典型的"自上而下"特征。除此之外，街道的城市治理工作受到上级政府常态化的监督，市容市貌考核成为街道需要面对的常规性任务。为应对上级政府施加的政策压力，响应新型城市治理智慧化、精细化的号召，引入市场力量参与城市治理，以市政环卫工作为切入点开展城市运营项目的尝试，成为街道的工作任务。

除此之外，福保街道还存在着自身的特殊性：街道涵盖物业小区、城中村、"三无小区"、保税园区等多样化业态类型；保税园区过去长期由深福保集团承担运营服务，当前处在服务转型的关键节点；城市运营服务业务涉及公共事务、公共服务、公共资产运营、公共秩序维护等诸多领域，各个项目和不同流程之间均存在交织嵌套。万物云城的介入恰好与街道所面临的现实问题形成对话：长期的城市运营服务使其积累了丰富经验和良好口碑；智慧化服务的优势理念和政府的实际需求形成对接；服务模式的总结和提炼满足了政府官员政策创新的政绩需求。综上所述，如何实现保税园内外区域运营一体化进程，在复杂的城市业态中实现城市运营服务的统筹协调，是福保街道和万物云城面临的焦点问题所在。

股权合作模式的提出，正是基于这一焦点问题的进一步回应：政府、深福保集团和万物云城三方坚持问题导向，在多元服务内容和复杂运营空间之中实现优势互补的同时，满足自身的利益偏好。对于政府来说，股权合作的模式使其对合资公司的运作更具有可控性，由此更有利于政府对城市运营服务治理改革工作的全局把控；政府指定国有企业作为合资公司的合作方，使合资公司仍然保持国有企业的身份，税收、劳动力等各方面都是有利于当地政府。对于深福保集团来说，作为起步于福田保税区建设，长期扎根园区建设与运营的传统国有企业，不仅对福田保税区的物业管理工作具有丰富经验，而且拥有充分的影响力和人脉资源；长期局限于保税区内部的经营模式使得其物业管理产业进入瓶颈，不仅缺乏单独承担全域城市运营工作的实力，而且缺乏与社区等基层部门的对接渠道。对于万物云城来说，其在城市运营服务中具有核心竞争力，并且在长期城市运营服务实践中与基层部门形成了的良好关系，虽对于园区运营服务缺乏经验，但这恰好与深福保集团形成优势互补；与政府指定的国有企业成立合资公司，虽然眼前利益减少，但是获取了政府的支持和认可以及国有企业加持，未来业务导入更有保障，可以长期获取收益。因此，股权合作的模式从政府利益、企业提升、政治因素各方面考虑都比直接委托更具吸引力，成为福保街道城市运营服务改革工作的大势所趋。

在股权合作模式的基础上，万物云城针对福保街道业态类型多元、服务范围复杂的现实情况，创新性地设计了"1311"合作模式。其中，通过城市服务管家的建设，构建了政府和企业对接的"纺锤形"整体架构；管理服务谱系围绕街道业务四大板块进行延展，明确了企业的具体服务内容；法律保障体系通过专业律所把关服务内容，明确了双方的权力边界和权责分工。"整合、耦合、联合"作为该模式核心的服务合作机制，构成了政府和企业的三大合作形式。"整合"服务机制指的是由城市运营服务商对街道内同质化的，特别是已经到期的业务进行整体打包，当前已整合环卫保洁、垃圾分类等7项业务，还有6项巡查业务已经整体中标，行政成本节约率20%。"耦合"服务机制指的是授权企业对街道内专业化、差异化的服务进行供应商标准优化、数据采集和质量监督，即依托智慧化的管理平台，通过工单的形式对街道内尚未到期的城市运营服务业务进行统一纳管，实现城市运营服务工作的全过程监测和管理；当前已耦合14项执法监督类业务，352名工作人员纳入城市管家监督，工单响应率100%；智慧化工单管理平台建设完成度70%，目前正积极将政府数据接入工单系统，完成处置闭环；清扫保洁和市容秩序图谱基本完成，《环卫测评指数管控操作指引规范》成功出台。"联合"服务机制即由街道搭建平台，协助福保城资公司整合外部资源，与其他供应商展开商业合作，在撬动更多部门参与城市运营服务的同时，实现城市统筹运营；除了股权合作模式的顶层设计之外，万物云城与石厦村股份公司合作的城中村合作治理模式也属此类。

"三合"互动参与机制的建立，一方面为利益主体之间的协作提供灵活的方式，针对复杂的城市问题提出针对性的解决方案，在城市日常管理服务中切实节约行政成本、提高工作效率；另一方面在服务类型和环节上进行了打散重组，并通过整合、耦合、联合的方式进行流程重构，进一步提高了城市运营的灵活性，从一定程度上解决了不同服务类型和环节导致的规模经济效应不同的问题，在未来有可能成为可复制的城市运营流程设计经验。

由于合资公司刚刚成立，正式项目还未真正落地，合资公司的组织架构、管理模式和分工合作机制也在探索之中，未来如何处理协商沟通成本激增、管理体制差异、利益关系平衡的问题，成为三方应对合作"磨合期"的痛点所在。首先，街道作为政府的派出机构，在行政裁量、制度设计等方面存在功能缺失，无形之中增加了政企沟通的难度；其次，城市运营服务企业作为市场主体，存在利益导向的本质特征，因此在公共服务供给的可持续性上长期遭受质疑；再次，国有企业相对保守的体制化管理机制能否适应城市运营服务市场导向的工作需要，当前仍然在观察之中。各个主体自身存在的潜在问题，在一定程度上导致了彼此的不信任，主要体现在以下方面：对于合资公司的管理和控股，不管是国有企业还是私有企业都会有所考虑和争取，因此在公司治理条款，企业和国有企业之间会进行多轮的谈判，最终达成双方平衡关系促成合作；政企数据长期存在壁垒，一方面双方数据采集的底层架构有本质不同，另一方面企业无法获得政府部门检测到的重要数据，使得双方数据无法进行统筹运算，进而难以实现价值提升，对智慧化管理平台的建设造成一定打击；长期以来碎片化的服务外包模式，导致企业进驻时面临整合的问题，出现一部分企业由于合同未到期无法退出的情况。对于上述问题，一方面需要区级以上政府协同推进问题的解决，上级政府为基层街道积极赋能，另一方面应及时完善配套法律及制度，例如权责主体明确划分、市场准入规范设置、社会审计机制构建等等。

市场化企业进驻城市运营服务是一个漫长的过程，涉及复杂的顶层设计和基层多元主体的反复沟通和实践尝试。当前由于城市运营服务商进驻福保街道时间尚短，合资企业尚未正式开展工作，除市容考察外难以看到显著的成效，需要进一步跟踪调查。未来，福保城资公司将逐渐走出园区、迈向街道，作为整个福保街道的城市运营服务提供主体，展开辖区内的城市运营工作，探索合作共建福保街道城市物管运营平台的全新模式，为企业进驻城市服务工作在全市甚至全国范围内的推广提供实践经验基础和可复制的模式参考。

第三节　城市运营服务的发展展望

一　城市运营服务企业在新型城市治理中的角色

案例分析表明，在现阶段，城市运营服务商在介入城市治理过程中，仍极大地受限于现存的公共服务供给模式和自身定位，针对服务生产端的转型仍处于起步阶段。在探索未来如何参与城市治理模式的过程中，城市运营服务商需要深入理解自身在治理过程中能够发挥的作用。

首先，目前许多城市运营服务企业主要是从以往传统小区物业的业务出发，并将其平行转换到城市治理的过程中。在 Y 街道，政府工作人员就提出把相关业务交给城市运营服务商接管是不是仅仅是换了一个服务承包商的疑惑。沙头街道有关事务的负责人也指出，（城市运营服务改革）如果仅仅是请了一家公司来管之前所有的事项，那它肯定不会成功。城市运营服务并不是小区物业管理业务的维度提升，也不是传统政府外包服务的简单加总，它强调通过对于公共服务生产组织结构和流程进行优化调整来实现城市治理能力和治理水平的提升。尽管以万物云为代表的市场化企业在传统物业领域积累了大量的实战经验和专业化流程，但参与城市治理需要重新对相关服务类型的整体流程、供给组织形式、生产环节、社会需求进行梳理总结。通过对服务要素和流程进行梳理，城市运营服务企业能够对一项服务的规模经济效应和管理成本进行大致了解和权衡，确定合适的管理层级与范围，为政府部门等服务供给方提供有效咨询建议，并在此基础上提出公共服务生产流程优化的具体方案。

其次，城市运营服务企业参与重构公共服务生产的组织方式会对原有的服务生产方式带来冲击。如何与原有的服务组织生产方式进行对接、兼容，并在适当环节和阶段作出调整，是"物业城市""大物业""全域智能运营"等新型城市治理模式具有可持续性和良好政策效果的重要前提。比如，沙头街道工作人员就提出，如果"全域智能运营"在未来发展到一定程度的话，目前社区的相当一部分职能是需要由"城市运营服务商"来承接的，那么原有的协管、专职工作者等的身份转换、招聘流程上应如何转变。因此，如果政府内部的公共服务供给组织模式不发生大的改变的话，公共服务生产端能否进行有效调整以及如何进行调整是现阶段政府比较关心的问题，也是未来城市治理工作需要探索的重点领域。

通过整合与分解服务内容来提升公共服务的生产效率仅是新时代城市治理的目标之一。有效性和公平性也是城市治理评价体系不容忽视甚至更加重要的两项指标。更深层次的多元协同治理需要在城市公共服务的供给和生产过程中更加充分地考虑到公民的需求和主体性，通过建立参与公共服务生产的游戏规则将个人、社区、社会组织及各类服务生产主体纳入进来。近年来，有学者提出将协同合作平台作为一种治理策略。一方面，平台为相关协同合作与互动提供长期稳定的框架；另一方面，平台本身并不仅仅是被动的支持方，而是促进各方互动、协调各方利益的主动行为者，因而协作的主体与内容可以根据需求灵活调整。[①] 这种协同合作平台被视为是一种"元治理"（Meta-governance）或"对治理的治理"（Govern-

① Ansell, Chris, and Alison Gash, "Collaborative Platforms as a Governance Strategy", *Journal of Public Administration Research and Theory*, Vol. 28, No. 1, 2018, p. 16-32.

ance of Governance），① 这或许是未来较为成熟的城市运营管理的一个可能走向。

二 城市更新带来城市运营服务发展的新空间

随着我国城市常住总人口占比在 2011 年首次超过 50%，我国的城镇化逐步进入了增量建设与存量更新并重的时期。一方面，政府和企业作为"增长同盟"，在 30 年大规模城镇化过程中，对于城市新区和功能区的开发建设和运营管理，已经积累了较为丰富的经验，形成了比较成熟的体系，提供以标准化为基础的个性化服务，伴之以培养了一批优质地产开发企业。另一方面，政府与社会作为"稳定同盟"，必须正视还有近 60% 的城市居民仍然居住在 2000 年之前建成的老旧小区里，这些住区正在进入到一个由技术性衰败（影响居住环境质量）开启的恶性循环中（图 1-2）。

技术性衰败
影响了物质环境质量

社会性衰败
影响了心理和
社会环境质量

财政性衰败
影响了管理和维护的
质量与可持续性

图 1-2　城市老旧住区的衰败循环图②

面对基础设施老化，住宅套型过时和配套设施不足等问题，有些住区已经开始面对社会性衰败（影响心理和社会环境质量），出现大量社会治安问题和邻里关系问题，并滋生了广泛的社会经济问

---

① Sorensen, Eva and Jacob Torfing, "Making governance network effective and democratic through meta-governance", *Public Administration*, No. 87, 2009, p. 234-258.

② 作者根据文献自绘，参见 N. L. Prak, H. Priemus, "A Model for the Analysis of the Decline of Postwar Housing", The International Journal of Urban and Regional Research, Vol. 10, No. 1, 1986, p. 1-17.

题，继而开始财政性衰败（影响经济可持续性），出现管理费用征收困难，房价下降，租金低或出租困难，管理和维护不足等问题，整个过程中又伴随着居住人口的"向下过滤"效应，造成低收入人群的过度聚集，形成新的城市贫民区，对社会稳定产生深刻影响。

各国的经验表明，面对住区的老化，城市更新越早介入，成本越低，效果越好。我国也适时地提出了城市更新战略，2020年7月10日，国务院办公厅发布《国务院关于全面推进城镇老旧小区改造工作的指导意见》（国办发〔2020〕23号），明确了城市存量的更新改造是我国未来一段时期内的工作重点，全国各地也很快出台了相应的政策和实施办法，并产生了以"劲松模式"为代表的创新性实践探索，打开了一片"蓝海"。

事实上，城市更新就是一个将老旧城区纳入到现代城市运营服务体系中的过程，不同于目标导向明确的城市新区和功能区（立项、规划设计、建造、运营管理一体化），老旧城区的更新改造具有类型的多样性和结构的复杂性，其运营管理和服务供给既要基于现有条件，服务于现有的人群，又要根据城市的发展演化，满足未来的潜在需求，这就需要城市运营服务企业有针对性的拓展业务边界和创新运营模式，提供以个性化为基础的标准化服务，并从时间、空间等多维度融入到城市更新过程中，将城市更新与城市运营结合到一起，实现城市的有机更新和可持续发展。在这样的背景下，企业需要通过构建认知模型，深入了解城市更新的复杂机制，才能找准切入点，通过分析各个项目的共性与个性，提供定制化的城市运营服务，实现在城市治理的大框架下拓展市场空间。

（一）城市更新利益主体的广泛性

城市更新涉及政府、市场和社会的多元利益主体，通常被简化为三方博弈的关系。但在实际的旧城改造过程中，基于不同的空间层次，这三方又可以细化为多个利益相关方，各方内部的利益诉求有时是不完全相同的，甚至是相反的。

　　具体来看，在更新地块与周边区域的空间层面，不但牵扯到政府的各个职能部门，也涵盖了不同层级的政府机构，甚至跨街道等行政辖区，因此，需要由上一级政府统一协调，以开发建设指挥部、领导小组等形式打通部门和层级壁垒，提升决策效率和信息传递的准确性、有效性；就市场而言，除了旧城区更新改造本身的开发建设、规划设计和运营管理等机构外，周边项目的开发者、产权人和运营方也会受到影响，作为利益相关方，其诉求也应被充分尊重和考虑，并以法律为基础进行甄别；对社会来说，受旧城区改造直接和间接影响的房屋产权人、居民和租户，周边区域的产权人、居民和租户，以及地区内和周边的各类社会组织机构，也会呈现出多元的利益诉求，特别是老年人、租户、低收入者等弱势人群，其合法权益的认定和保障需要专业化的机构介入。

　　在城市更新的地区内部，各个地块之间，政府、市场和社会三方同样可以进一步细化，政府通常下探到了街道一级，社区居委会作为在地机构与各职能部门的科室对接，平衡和协调地块之间的关系；市场则涵盖了各地块的开发商、规划设计机构、承建商、物业管理机构和商业运营机构等主体，他们之间的利益协调可以以市场为主进行调节，但政府和社会也需要参与其中，避免市场失效造成潜在问题；社会则以业委会、民间团体等基于更新地块的社会组织为主，起到意见汇总、传达和协调的作用。

　　在城市更新地区各地块（或开发单元）的内部，政府细化为社区居委会和各职能部门的工作人员，基层党组织成员，其作为政府决策的执行者，具体承担了地块内的协调工作；市场也具体化为项目的负责人、规划设计人、物业的管理人、购买人和承租人等个体，基于职责分工、经济规律和专业知识等作出判断；社会也具化为不同的个体，包括楼门长、志愿者、民意代表、拆迁户、新旧居民和短租户（流动人口）等城市环境的使用者，作为最直接的利益相关人，在更新过程中发挥着根本性的作用。

表 1-1　　　　　　城市更新中不同空间层次的利益主体框架

空间层次＼利益主体	更新地区与周边区域	更新地区内部区块间	更新地区各区块内部
政府	行政辖区各级主管部门，各级职能部门，指挥部、领导小组等机构	街道办事处，社区居委会，各职能部门的科室	基层党组织成员、网格员、社工
市场	开发建设、规划设计和运营管理等机构，周边项目开发者、产权人和运营方	各地块的开发商、规划设计机构、承建商、物业管理机构和商业运营机构	项目的负责人、规划设计人、物业的管理人、购买人和承租人
社会	地区内和周边的房屋产权人、居民和租户，以及各类社会组织	业委会、非营利组织、民间团体	楼门长、志愿者、民意代表、拆迁户、新旧居民和短租户

（二）城市更新导控机制的复杂性

城市更新是一个较长的过程，从最初的是计划立项、编制专项规划的前期规划设计阶段，到确认实施主体、土地整理、施工建设的中期开发建设阶段，再到工程验收、交付、入住的后期验收运营阶段，各利益相关方都扮演着不同的角色，起着不同的作用，主导方、协调方、参与方都在不断地调整切换。特别是面对比较复杂的、大规模的旧城区更新改造项目时，可能同时涵盖了多种类型。同时，旧城区改造是一个完整的流程，各个阶段的决策和实施都会对最终的结果产生影响，而有些影响还需要较长的时间才能呈现出来，因此，有必要按照决策—实施—反馈流程来建立导控机制。

在前期的规划设计阶段，可以按照政府主导、政府与市场、社会合作、以及社会参与等不同类型，采用"自上而下"的强导控模式进行决策，并进一步细化，按照"政府直接组织""市场主体组织"等具体方式实施，并在政府引导下，由企业和社会多元参与，针对实施的情况及时反馈，以改进和优化规划设计方案。在中期的开发建设阶段，市场往往起到主导作用，按照"自下而上"的弱导控模式，采用"政府主导、大项目推进""政府引导、企业实施"等模式，结合旧城区生态化改造的驱动力和规模，选定具体的实施方式，同样需要在各节点由企业主导，汇总各方的反馈信息。在后期验收运营阶段，政府、市场与社会各利益相关方围绕最终的更新成果，采取"上下交互参与"的间接导控模式，保障各方充分参与，确保各利益相关方的权益，并及时开展使用后评估（POE），对旧城区改造的成果作出全面的评价，形成反馈意见。

表 1-2   城市更新过程中不同流程阶段的导控机制

时间阶段＼流程	前期规划设计阶段	中期开发建设阶段	后期验收运营阶段
决策	"自上而下"的强导控模式	"自下而上"的弱导控模式	上下交互参与的间接导控模式
实施	政府直接组织 市场主体组织 公众参与 ……	政府主导实施、大项目推进；政府引导、企业实施 ……	公众单向参与、政府组织公众参与、公众交互式参与民众主导
反馈	政府引导 企业实施 社会多元参与 ……	企业主导 政府监管 社会多元参与 ……	市场主导 社会组织参与 专业机构评估 ……

（三）城市更新改造对象的多样性

城市更新的改造对象按照尺度由小到大有建筑更新、街道更新、住区更新、区域更新四种，与城市运营服务联系紧密的是住区和区域更新。我国的城市住区从大的历史框架来看，可以分为中国传统的街坊式住区、欧美风格的街区式住区、新中国成立初期的单位式住区、改革开放初的安居房住区、房改之后的商品房住区、棚改之后的保障房住区等，还包括城市扩张形成的城中村住区，小产权住区等。除了近 20 年新建的商品房和保障房小区，其他类型的住区大多是没有专业物业服务企业来运营维护的，需要通过城市更新来改善居住环境，提升管理和运营质量。当然，这些住区不仅住房类型多样，产权结构复杂，历史遗留问题众多，而且居民结构和人口构成也是不稳定的，这都对改造和运营造成了巨大的挑战。从区域更新的角度，又会涉及老城区改造、工业区改造、历史文化区改造等不同的类型，随着改造区域的增长，其涵盖的改造对象和涉及的利益相关方呈指数级扩大，内部的异质性更为突出，运营和管理也更为复杂。

表 1-3　　　　　　　　　　　**城市更新的改造对象**

空间 ＼ 时间	1949 年之前	1950-1978	1979-1998	1999-2008
城市中心	中式传统住区 欧美风格住区	事业单位住区	集资房住区 房改房住区	公寓房住区 商品房住区
城市扩展带	城中村	企业单位住区 工人新村	事业单位住区 经适房住区 安居房住区	商品房住区 保障房住区 小产区住区
城市边缘区	城郊村	企业单位住区	企业单位住区 安置房住区	商品房住区 保障房住区

　　总之，城市更新是一个不断迭代的过程，随着新建城区的老化，新的城市更新随之展开，如同生命体的新陈代谢，这意味着城市更新是一个接近于一个永续发展的市场。然而，其涉及利益主体的广泛性、更新方式的复杂性和改造对象的多样性，形成了比较高的准入门槛和行业壁垒，再加上其与民生高度相关的公益属性，盈利模式尚不明朗，还没有市场化企业能够真正构建可持续的商业模式，因此，可以说是一片蓝海，百舸争流，需要秉持"做困难而正确的事"这一理念，开展深度研究，并积极参与实践，方可抓住机遇，获得市场的一席之地。

第四节 结 论

本章从公共物品供给与生产的内在逻辑出发对"物业城市""全域智能运营"等相关实践进行了理论定位,展现了城市运营服务企业在新型城市治理领域的巨大潜力和前景,也勾勒出在新型城市治理模式下政企合作的现状及其深层原因。

"物业城市""全域智能运营"等新型的城市运营服务模式是在城市治理精细化、专业化、智能化的新要求下对城市公共服务生产结构进行调整的一种尝试。政府与城市运营服务企业之间达成合作协议,以服务总包的方式进行资源整合,实现公共服务生产的规模效应。这种模式在横琴新区的实践取得了阶段性的成果,得到了来自政府、社会、学界的关注和肯定,并在广州、成都、深圳、厦门等城市先后复制落地。通过深入的调研和案例分析,"物业城市""全域智能运营"等城市运营服务模式的可持续性和可复制性的实现仍需要解决如下问题。

首先,新时代城市治理将关注的重点从提供服务的各个部门转向服务本身,通过整合资源或分解要素,平衡规模经济与管理成本之间的关系,从而实现精细化和专业化的目标。这就要求城市运营服务主体对各类服务的生产环节、需求大小、管理成本进行梳理分析,探索出生产不同服务类型和环节的合适规模和组织形式,明确在城市运营中一项服务可以被高效生产且能实现服务需求的最小维度。

面向现有城市公共服务生产结构的调整会对原有的生产模式形成冲击;同时,以政府职能部门为框架的生产服务供给结构通常会映射到公共服务生产的组织结构与过程中。因此协调处理与服务供给方、需求端以及原有生产端的关系是城市运营服务必须面临的挑战。如果城市运营服务企业仅从回应政府的需求出发来组织生产服务，不仅不利于"物业城市""全域智能运营"等新型治理模式向更深更远的方向发展，也不符合新时代城市治理的内在要求。因此，城市运营服务企业需要在处理协调各方利益中找到一个更好的自我定位。建立城市运营服务的协同合作平台可能是未来较为成熟的城市运营管理及服务的一种模式。通过提供互动框架、建立游戏规则，平台将各方利益进行通盘考量，实现协同治理，达到"共建、共治、共享"的效果。

第二章　面向基层治理的"全域智能运营"体系构建与实践探索[*]

第一节　我国街道层面基层治理的困境

一　基层治理是国家治理体系和能力现代化的基础

党的十八届三中全会通过《中共中央关于全面深化改革若干重大问题的决定》，在文字提法上将"社会管理"一词改为"社会治理"，明确构建"党委领导、政府负责、社会协同、公众参与、法制保障"的社会治理格局[①]，这表明我国重视基层民主建设和社会管理，并将社会基层治理作为新时代国家治理体系建设的重要途径。

"基层"是人民群众生产生活的场所，是党和政府联系、服务人民的"最后一公里"。基层治理是国家治理的基石，是实现国家治理体系和治理能力现代化的基础工程。简单来说即"对基层的治理"，是以乡镇、村或城市的邻里社区为基本范围，直接面对社会和居民，依靠治理机制，发挥各种社会力量，共同解决公共问题的活动。基层治理要围绕联系、服务人民展开。

在推进国家治理能力现代化进程中，基层治理的重要性日益凸

　　* 本章节由哈尔滨工业大学（深圳）建筑学院王耀武教授团队撰写，成员包括：王耀武、龚咏喜、郑执、吴新森、赵梓言。

　　① 《中共中央关于全面深化改革若干重大问题的决定》，人民出版社 2013 年版。

显，基层治理是否有效，事关国家治理和社会治理的成效，事关人民群众切身利益的实现和维护，事关党的执政基础的巩固。"江山就是人民，人民就是江山"，人民群众的需求要靠基层的治理来实现。在加强基层社会治理的过程中，政府能够聚焦人民群众需求的增长点，找准各方利益的结合点，能够更好地满足人民群众多层次、差异化、个性化的需求，不断增强人民群众的获得感、幸福感。

二　街道是基层治理的主战场

推进社会治理中心向基层下移，并不单指向社区空间下移，而是向能承担多元主体一体化功能的"基层单元"下移。街道是我国基层行政管理末梢，而街道中下辖的各社区是当前基层治理实践的主要阵地。综合目前基层治理的情况，从治理资源配置的角度来看，打破社区空间边界，在更大范围内深入分析不同社区资源条件的不均衡，并在较大范围内探求治理资源的合理化配置是改善基层治理的有效途径。

从社会认知视角出发，在人的聚合意义上思考基层治理是以人为本位的，而不是以"行政管理"为本位的。它可以进一步释放基层活力，增强基层民众交往，提升居住生活体验和获得感。依据目前社会治理资源的使用特性，多个社区有机构成的街道维度将成为未来落实城市基层治理的基础单元。

党的十八届五中全会提出要"构建全民共建共享的社会治理格局"，从根本上来说，基层治理中提出的共建共享格局意味着要充分挖掘有利于提升基层治理品质的主体性要素，并构建有效的机制实现各治理主体间的联动，进而在"共建"的维度上实现协同治理。① 在基层治理中融合各类型主体的诉求与参与情况，通过"共同建设""共同享有"增进人民群众的获得感，并提高基层以及各

---

① 曾维和：《共建共享社会治理格局：理论创新、体系构筑、实践推进》，《理论探索》2016 年第 3 期。

级政府的综合治理能力，以此进一步推进国家治理能力现代化①。

三 我国政府的治理体系

（一）政府纵向治理

我国行政机关的结构主要是指行政机关的层次结构与部门结构，又称纵向结构和横向结构（图2-1）。

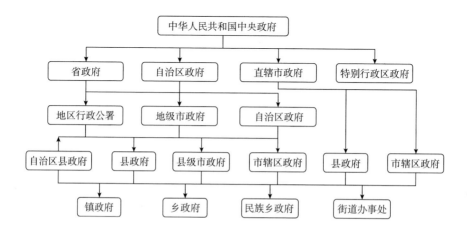

图 2-1 我国行政机关的组织结构

行政机关的层次结构（纵向结构）指的是各级政府上下之间、各级政府各组成部门上下之间，构成领导与服从的主从关系，这种上下排列组合方式就是行政机关的层次结构。决定纵向结构形式的两个重要因素，一是管理层次，即纵向结构的等级层次，有多少等级层次就有多少管理层次，例如国务院、省政府、市政府、区政府、街道办事处等多个等级；二是管理幅度，就是指一级行政机关或者一个领导人直接领导和指挥的下级单位或人员的数目。

行政机关的部门结构（横向结构）指的是同级政府相互之间和每级政府各组成部门之间，构成协调的平行关系，这种横向排列组

① 《中共中央关于制定国民经济和社会发展第十三个五年规划的建议》，人民出版社 2015 年版。

合方式就是行政机关的部门结构。如市政府、区政府内部各司（局）之间，厅（局）内各处（室）之间，都是一种平行协调关系，共同对一个上级负责，这样就构成行政机关的横向结构。

以深圳市为例，其政府结构分为深圳市政府、各区政府、街道办事处三个层级。深圳市最小行政机构为街道办事处，是最基层的治理单元；而负责专门事项的部门仅设置到区政府级别，街道层面并没有单独设立相应的职能部门，而是某些事项集中在一个街道办中，从而陷入"上面千条线，下面一根针"的基层工作困境。

（二）政府纵向衔接

纵向间政府的职权划分、上下级关系以及是否拥有地方自治权力等，都会影响企业对政府事务的介入方式与介入结果，并最终影响城市治理的格局。中国的纵向间政府关系呈现出显著的自上而下治理特征，在解决问题的方式上，纵向机制更偏重命令控制方式，由上级向下级传达指令、布置任务等。而在信息传递过程中，纵向治理体系依赖于自上而下或是自下而上的信息传递，因此不同层级间信息是高度不对称的，并且依据传统的方式信息传递效率较低。目前纵向权力体系的职权划分是较不清晰的，各级政府职责高度重叠，呈现出"职责同构"现象。政府职责在各级政府间的分工缺乏明确的规定，特别是具体服务项目的政府间职责分工，相关规定分布在各种专门法律法规的条文中，各规定存在着交叉重复，矛盾冲突，不少服务项目很难说清究竟归哪一级政府管理。上级政府在职权不明的事务分配中处于强势地位，由此往往把自己不愿意承担责任的事务交给下级，这加剧了纵向政府间行政机构逐级发包的局面。

在深圳市政府组织中，街道往往是最基层的承包方，不论是疫情防控、市容环卫、建筑安全等，街道都需要承担责任。这种纵向机制往往给街道治理增加了较大压力，街道政出多门、政策不稳定的现状一定程度上导致基层治理难度巨大，且街道管理能力缺少机动性，更多是固化地完成上级指派的任务，街道自治能力大幅度减弱。①

四　街道层面基层治理存在困境

根据对先前文献的梳理，结合现有街道的访谈资料，总结出目前街道层面城市治理的主要问题为：

（1）固化的治理体系，无法应对不断变化的管理问题和市场形势。随着人民生活需求逐渐趋于复杂化、多元化，街道原有固化的治理体系无法全面，高效地应对居民生产、生活等各方面的管理及服务工作。同时，街道办事处作为单一主体的管理模式在不断变化的市场化形势中不再具有突出优势。如何在固化治理体系中突出重围，在满足居民丰富生活需求的同时，与多元主体相结合以应对不断变化的市场形式是目前街道层面城市治理的主要问题之一。

（2）基层政府注重管理，服务能力较弱，无法满足居民对美好生活的日益追求。对街道委托企业提供服务的这类工作所采用的政企合作模式很大程度上已经走向一个极端，市场准入机制并未有效建立起来，提供服务的企业已形成一定程度的垄断规模。而在提供服务过程中，部分企业通过压缩成本、扩大规模、扩展多头业务等方式寻求利益最大化导致服务质量不能满足各街道现有需求，居民满意度大大降低，形成恶性循环。

（3）治理纵向传导，导致街道政府难以承担由上级部门纵向治理方式向基层横向落实的职能转化，形成"上面千条线，下面一根针"的治理困境。由于深圳市政府机构纵向治理的作用机制，街道机构冗杂，承担上级政府下派的行政任务过多、处理压力过大。社区层级设立的社区党委、社区居委会和社区工作站之间权责交叉，使得机构工作效率低、难以进行有效的公共服务供给。

（4）街道政府部门权责边界不明晰，治理责任无限，责大权小。目前政府管理事务的方向径直向基层下移，但是治理资源没有

---

① 汪锦军：《纵向政府权力结构与社会治理：中国"政府与社会"关系的一个分析路径》，《浙江社会科学》2014年第9期。

完全下移，上级政府对街道的授权有限，权责权力高度不匹配，形成固化治理体系，且事项权责边界尚不清晰。管理资源随行政级别降低不断减少，政府在下放事权的同时，并未赋予相应的行政权力和物质资源作保障，形成自上而下"头重脚轻"的资源配置。

总的来说，街道办事处"责大权小、虎头蛇尾、九龙治水"的问题越来越突出，目前街道层面的政府部门管理性明显，服务能力欠缺。由此衍生出街道治理能力与治理规模不匹配、街道治理效率低下的问题，在基层治理结构中处境尴尬，也对政企合作提供公共及居民服务产生了负面影响。

第二节　"全域智能运营"是实施街道基层治理的有效手段

一　街道层面"全域智能运营"的内涵

在横琴新区管委会与北京大学政府管理学院联合编制的《物业城市白皮书（2020 年）》中提出的"物业城市"概念，是指在城市治理现代化创新探索过程中，创新性地引入市场化和社会化机制，将城市整体作为一个"大物业"，通过"专业服务+智慧平台+行政力量"相融合的方式，以专业化的服务总包、模块化的服务划分、社会化的治理结构、精细化的治理手段，将城市公共空间与公共资源、公共项目进行全流程"管理+服务+运营"的政府、市场、社会多元主体协同治理模式。对于城市新区而言，"物业城市"概念的提出无疑为城市治理创新提供了新的方向与抓手。然而放眼到城市街道单元，将"物业城市"操作模式整体照搬至每个街道的可行性仍需考证。对于一个城市来说，每一栋楼、每处空间都犹如一个细胞，社区就犹如这些细胞构成的组织，而街道正犹如这些组织构成的"微系统"，这些"微系统""麻雀虽小，五脏俱全"，他们不仅自我运作，而且在构建城市这个大型系统中承担着不可忽略的重要职责，"牵一发而动全身"，缺一不可。因此，如果要管理好一个城市系统，必先调理好每一个街道"微系统"，使其各司其职，健康运转。所以说，街道层面的城市运营服务改革工作是实现城市治理的重要环节。

综上，街道的城市治理创新并不能完全照搬"物业城市"，应该在充分考虑本地化、特色化的问题与困境基础上，进一步深化其概念与内涵。本研究在"物业城市"概念基础上提出"全域智能运营"概念，以对街道层面的城市运营服务模式探索和经验进行总结。而想要明确街道层面的"全域智能运营"内涵，首先需要了解三个概念，分别是街道办事处、治理重心与行政职能。

街道办事处是市辖区、不设区的市人民政府设立的派出机关。进入 21 世纪，随着城镇化进程加速，撤乡并镇改街在全国各地深入推进，街道办的数量和管理范围迅速扩张。① 街道办组织构架包括街道党工委、街道人大工委、街道办事处及其所属机构。本研究所指街道办是指超大城市市辖区街道办，囊括了街道办整体组织框架，代表市辖区政府履行职能的基层组织，其职能是负责辖区社会管理和提供公共服务。

治理重心是低治理层级和高治理层级之间工作重点、基本原则和治理目标的整体描述。治理重心的概念包含三大特性，一是层级性，治理重心分为重心上移和下移两种动态化的运动轨迹；二是权责在层级间的配置；三是治理目标即对上负责还是对下负责。治理重心上移的典型案例是农村税改后从汲取型到悬浮型政权的转变；治理重心下移的具体表现有干部派驻基层、联动平台下置等多种治理行为，如城市基层治理，包括网格化管理、微自治以及小单元自治等。

行政职能也称政府职能，是政府作为行政主体依法对政治、经济和公共事务进行管理时，所承担的职责和功能，具有公共性、法定性、执行性、强制性、动态性、扩张性等特征。从内容上分为政

---

① 周飞舟：《乡镇政府"空壳化"与政权"悬浮"》，《中国改革》2007 年第 4 期。

治职能、经济职能、文化职能和社会职能；从运行上分为决策职能、组织职能、协调职能、控制职能、监督职能。行政职能为公共行政活动的本质进行了基本界定，确定了基本内容，指定了基本方向，其履行需要处理好政府与市场、政府与社会的关系①。

结合我国街道办事处的职权特性，本研究指出街道层面的城市运营服务应该结合街道自身本土化治理的痛点与难点，引入市场化和社会化机制，将街道作为一个"微系统"，以街道政府为领导核心，紧紧连接市场主体、居民个体、群众团体、社会组织等资源，在上层法律法规的指导下，通过协商构建适于不同街道的多元化管理准则与规章制度。基于一体化的治理理念、市场化的运作逻辑、模块化的服务划分、专业化的服务总包、精细化的治理手段、智慧化的服务平台，将城市治理中的公共事务、公共服务、公共资源和公共秩序进行区域性覆盖的全周期、全流程的管理和运营，重塑城市治理中的组织、利益与流程的多元治理协同平台模式。

二 作为城市公共生活服务提供者的全域智能运营商

本研究中，街道层面城市运营服务模式的构建将基于新公共服务理论展开研究。新公共服务理论是在对新公共管理进行性批判和反思的基础上，从市场和经济学的角度重塑行政的理念和价值，建立一套新的行政发展架构的理论体系。在《新公共服务理论》中，Robert 和 Janet 认为新公共服务是一场基于公共利益、民主治理过程的理想和重新恢复的公民参与的运动②。重新定位政府角色，"公共行政官员在其管理公共组织和执行政策时应该着重强调他们服务于公民和授权于公民的职责"。政府从管理高位的"掌舵者"转变为管理活动的"参与者"，以服务为公共管理的本质，努力建成一个追求公共利益的公共机构。新公共服务理论为企业参与公共管理提

① 陶郁、侯麟科、刘明兴：《张弛有别：上级控制力、下级自主性和农村基层政令执行》，《社会》2016 年第 36 期。
② 罗伯特 . B. 登哈特、珍妮 . V. 登哈特：《新公共服务理论》，丁煌译，中国人民出版社 2004 年 6 月版。

供理论指导，政府及其工作人员充分发挥服务职能，引导企业对公共利益的关注程度超过对自身利益的关注，让企业根据公共利益去行动，统一广泛利益，最终惠及每个人的利益。该理论不仅是适合现代社会发展的新理论，也提供了一种新的政府管理模式，对于指导公共服务社会化改革的实践具有重要意义。

基于该理论构建街道的城市运营服务模式体系，本研究将从政府以及企业两个维度来阐述其合理性以及必要性。首先，基层政府视角下，当今时代为社会领航的公共政策实际上是一系列复杂的相互作用过程的后果，这些相互作用涉及多重群体和多重利益集团，为社会和政治生活提供结构与方向的政策方案是许多不同意见和利益的混合物。基层政府在这样复杂的关系中，应该明白政府的职能是"服务"，而不是"掌舵"。在实际工作中，基层政府应该在思想上具有战略性，在行动上具有民主性，确保自身具有开放性、可接近性以及回应力。而政府的作用在于与民营及非营利组织携手，一起为社区所面临的问题寻找解决办法，其角色从控制转变为议程安排，使相关各方坐到一起，为促进公共问题的协商解决提供便利。在这样一个公民积极参与的社会中，政府将要扮演的角色越来越不是服务的直接供给者，而是调停者、中介人甚至裁判员。

城市运营服务企业视角中，要认识到公民权和公共服务比企业家精神更重要，树立"企业公民"形象在维系政府关系以及实践公共服务方面重中之重。切记不可急求利益，应该在社会和居民心中打造"服务大于利益"的企业精神，用高质量的服务打造长远的合作机制，用实践成果建立与政府之间的信任。其次，在街道城市治理改革中，企业在承接公共服务之前要切实做好自评，在事中做好监督，在事后做好对接。在提供公共服务时要讲真话、说实情，不隐瞒、不行贿，洁身自好谋发展；要保证公共服务质量始终如一，自觉接受政府和群众监督，当公共服务质量下降或社会满意度不高时，企业应主动负责任，通过优化和产业升级提高公共服务质量。

基于以上所述，街道城市运营服务模式的构建主要解决政府和企业的配合关系与行事态度。在街道层面的城市治理改革中，政府和企业都要始终明晰自我的身份定位，不能越权办事。基层政府要放下姿态，以服务民众为中心，要与民营及非民营企业协商解决问题，同时保留自身执法权，建立适于系统标准与规则，监督各利益主体并在服务过程中对品质进行把控。城市运营服务企业首先要明白自身站位，与政府积极协商，以服务为宗旨，达到高品质、精细化的公共服务质量；做好政府与居民的桥梁，建立信任机制，利用自身的资源与技术优势，与政府合力构建"专业服务+智慧平台+行政力量"的治理模式。对于城市运营服务企业，其定位应为"城市公共生活服务的供应者"。一方面协助政府进行基层治理，提高基层政府的服务质量和工作效率，在基层实现治理体系和治理能力的现代化探索，另一方面通过塑造"全域智能运营"新理念，从而打破固化的治理体系以应对不断变化的管理形式；进一步提高政府服务能力，满足人民日益增长的对美好生活的需求；解决治理纵向传导问题，形成治理横向执行的工作格局；理清原有繁杂的治理责任并整合有限可控的治理资源。在"全域智能运营"的新模式下，增强基层治理韧性，提供优质生活服务，实现治理纵横转换，提高基层治理效率，进一步打破条块壁垒、构建小脑调度连接、塑造政企亲情合作关系，形成以整合、智慧、共建为核心关键词的城市服务创新模式。

在城市治理改革前期，应该与政府积极协商，依据不同街道的本土化特色，解决基本民生服务，协助政府进行基层治理，保障公民生活性公共服务落位。在改革中期，应该顺应社会化、市场化发展需求，借鉴外资物业公司管理模式，在公共服务部分，除政府要求的基本配置外，应该提供更优质且更具差异化的非公益及市场化的公共服务内容①，其次通过引进新业态，延伸物业服务、细化服

---

① 梁浩、王佳琪、龚维科：《老旧小区改造促进传统住宅物业管理转型升级》，《城市发展研究》2021 年第 28 期。

务项目①。在改革后期，要注重个性化、专业化的服务需求，通过针对性、直观性、人性化的公共服务提升政府与居民对于企业的认可度。同时，要全过程发挥专业化优势，术业有专攻，并且要善于将云计算、大数据、物联网、人工智能等新兴技术与城市运营管理深度融合，促进城市运营服务模式创新，为政府、居民提供多场景、多体验的高精准、高品质的公共服务，满足不同利益主体的需求，成为政府信赖、公民认可的城市公共及生活服务供应者。

三 街道层面"全域智能运营"中政企合作的挑战

街道层面的城市治理改革在实施中政企关系构建、社会认知、利益格局、品质把控四个方面，主要问题如下。

（一）难以构建"亲""清"的政企关系

政企关系是一个老生常谈的话题，随着城市公共服务社会化改革的不断加快，这一话题被赋予了新的时代含义。20 世纪 90 年代后期，我国开启了公共服务社会化改革的进程并不断提速，当民营企业进入公共服务领域，政府与企业之间的关系出现了诸多问题，例如企业将"逐利性"带入公共服务领域，提高公共服务价格，降低公共服务质量，人为制造市场垄断，忽视偏远地区和弱势群体，与政府部门权钱交易等现象；而政府出于"卸责心理"疏于对进入公共服务领域的企业进行监管，难以做到政企关系之"清"。另一方面，某些政府部门过于"循规蹈矩"，一些干部对企业"敬而远之"，漠视市场化发展诉求，甚至"谈商色变"不敢作为，严重阻碍政企合作与发展，制约地方经济建设②。对于街道层面的"全域智能运营"，政府与企业之间关系的构建同样存在着较深的沟壑与宽广的鸿沟。

（二）社会对城市运营服务模式的认知不清晰

城市运营服务模式实则是公共服务市场化改革的过程之一，政

---

① 齐坚：《物业管理教程》，同济大学出版社 2004 年版。
② 张国清、马丽、黄芳：《习近平"亲清论"与建构新型政商关系》，《中共中央党校学报》2016 年第 5 期。

府收缩部分城市管理服务范围，将原有承担的部分职能转移给非政府公共组织和民营企业①，通过公私合营、特许经营、政府购买服务等方式将传统上由政府独立提供的公共服务转变为政府与企业合作供给的过程。然而，社会和居民对于政府提供公共服务的传统意识并没有伴随着公共服务市场化改革的加速而改变，社会及居民对于非政府公有组织以及民营企业的认可度较低。同时，由于传统观念中政府与企业的站位不同，使得政府对政企关系的构建存在质疑；居民视角的企业更多的是"向钱看齐"，无法提供高效且保值的公共服务。因此，对于政企合作的城市运营服务模式目前存在着社会认知不足的问题。

（三）既有利益格局无法轻易改变

街道层面的城市运营管理涉及老百姓的"吃、穿、住、行"，关乎到人民生活的根本需求，街道的城市治理呈现出千头万绪、盘根错节的特点。前文所述，街道对于城市来说就是一个个"微系统"，共同运作从而构成了城市整个大的生态系统。换个角度，对于街道亦是如此，清洁、安全、维修等各个事项共同形成街道的运作机制。在原有的街道治理格局中，政府为了高效治理，必然会将某些事项进行外包，形成"分部管理，统筹执法"的工作模式。因此，每类事项都如一根丝线，形成不同的合作集体，从而织成一张利益格局网络；同样，"牵一发而动全身"问题对于街道层面的城市治理依然不容忽视。基于此，政府、企业以及非营利组织等合作就存在着触碰原有利益格局的风险，使得政府与企业间的合作难以推进。

（四）品质把控、资源整合存在困难

当前的城市运营服务改革工作，纵然街道层面政府与企业形成了合作关系，但是在具体操作设施层面仍然存在着许多问题。由于各街道的实际困难各不相同，如管辖面积不同、老旧小区数量差异

---

① 罗伯特·登哈特：《新公共服务：服务，而不是掌舵》，丁煌译，中国人民大学出版社 2004 年版。

较大等，使得不同街道为了达标上级政府提出的评判标准所付出的资源总量存在明显差异，这也形成了企业在进行资源统筹时的难度不均、品质把控较难的问题。同时，由于社会及多方主体对于政企合作管理认知的偏差，在实际的治理中出现"不服管"现象，对于资源的整合调度存在明显的困难。另外，即使企业介入，在街道层面的城市治理中仍然存在着权责界定模糊、验收标准不清晰的问题，这就造成了政府与企业在合作过程中，无法通过健全完善的相关配套机制，例如联动机制、监督机制、问责机制等来推动公共服务市场化改革的重要作用。

第三节　街道层面"全域智能运营"的多元主体与体系构建

一　街道层面"全域智能运营"的多元主体与诉求

（一）多元主体构成

多元主体的组织架构由政府主体、市场主体和社会主体构成，如图2-2所示。

1. 政府主体

"城市治理改革领导小组"是"全域智能运营"治理模式的顶层设计主体，统筹决策"全域智能运营"实施进展。坚持"全域智能运营"理念引领推动城市运营服务模式改革工作，运用智慧赋能手段，着力打破边界壁垒，统筹整合跨领域多部门链条，构建覆盖全领域、全周期、全要素的现代化治理体系，监管和审查城市运营服务商的工作表现，以推动"全域智能运营"基层治理模式逐步实现。

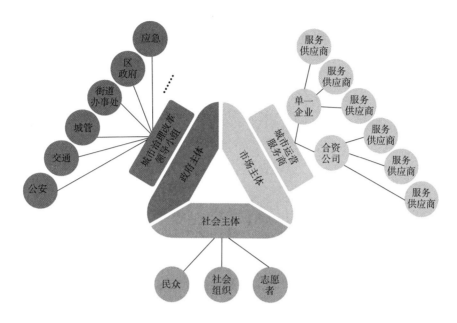

图 2-2 多元主体构成图

城市综合管理行政执法局、生态环境局、交通运输局、市场监督管理局、建设环保局、发展改革局和应急管理局等行政主管部门（以下称城市管理相关部门），应当在城市治理改革领导小组的统一领导下，认真履责，简政放权，按照"全域智能运营"治理模式，依法下放和移交公共资源、公共事务、公共秩序和公共服务工作领域的有关事权，配合街道办事处加强业务指导和监管，推动城市治理"整合"运行。

各街道党工委（办事处）及有关部门是安全生产和其他城市管理执法事项的监督管理主体，负责组织落实辖区内城市治理的具体工作，指导、督促社区（居民委员会、村民委员会）和相关单位开展城市治理相关工作。同时承担辖区职责范围内安全生产和其他城市管理执法工作的监督管理责任，协助试点合作企业、配合落实城市公共安全相关业务工作。

2. 市场主体

政府通过业务委托或公开招投标的方式与企业签订合同。城市运营服务商是承接"全域智能运营"各项城市公共管理的各项业务统筹的机构,是对服务区域内公共空间和公共资源进行"管理、服务、运营"的全流程协同治理机构,是"全域智能运营"服务供应链的整合、管理、调配机构。同时,在政府在城市治理过程中起到顾问和协助作用,成为城市基层治理层面政府与民众有效联通的接点。

3. 社会主体

民众确立城市治理的主体意识,关注和参与公共政治活动。"全域智能运营"工作可通过公众参与的方式,如调查研究制度、公评议制度、专家论证制度、公众听政制度对"全域智能运营"的规划建立过程提供建议,通过智慧城市运营平台反映上报事件来参与城市治理。在"全域智能运营"改革实施过程中,民众既是监督主体也是被治理主体,同时还是"全域智能运营"治理模式最终效用的承受主体。因此,民众对"全域智能运营"的反馈建议显得尤为重要。

志愿者、社工等非营利组织也可参与城市公共服务管理,在社会应急辅助、交通秩序、环境保护等领域以及大型会议活动中,开展志愿服务等公益性活动。

(二) 不同责任主体在基层治理中的诉求

1. 街道政府部门

通过对深圳市福田区三个街道的调研及管理现状问题总结,可以看出基层治理工作的改革迫在眉睫,街道层面对基层治理的需求有以下两点。

明确的权责划分。对于城市治理中涉及政企合作的事项,虽然区政府已经提出了改革的整体方案作为政策支持,但部分工作委派过程中仍出现脱节现象。因此在城市治理实施过程中,需要明确街道层面具体的操作指导与事项权责,有利于基层治理工作的具体落实。

治理重心下移,派出工作细分,形成"分责稳权"的工作模式。市场化企业主体可在这一环节中担任企业公民①的角色，构成街道的下一级派出机构。对于街道内可由市场化企业承担的服务内容，区级政府或是街道需要建立更为完善的市场准入机制，并在街道层面统一调度需要服务的内容，例如市容环卫、建筑安全巡查、楼宇管理等。通过设置综合管理中心、引入新技术方式优化服务内容与形式；通过引入市场竞争的形式促进企业提供的服务精简化、专业化。

2. 城市运营服务企业

通过对深圳市福田区三个街道基层治理情况的总结，在基层治理落实的街道层面，政企合作已经较为全面地开展。但在提供服务的过程中，由于上位区级政府委派的工作落实到街道层面出现"一根针"的困境，以及街道内部工作权责划分不明晰等原因，政府与企业在工作权责的划分上也未达成一致。

针对介入政企合作的城市运营服务企业管理的改革也是迫在眉睫的。基于此，城市运营服务企业对于治理工作的需求有以下几点。

坚决、明晰的统一调控。在具体实施过程中，各部门管理的理念和矛盾是较为棘手的，企业很难介入处理。这就需要街道主要领导挂帅把具体事务统一起来，如深圳市福田区沙头街道是建立了"城市管理运营中心"，由街道书记、主任等组建专项领导小组，为城市运营服务企业推行的事务作出担保。街道内多部门以及下设的社区工作站有一个对企业从抵触到接受的过程，体现为条块打乱后回归一条线、其他部分配合。这也需要区级政府到街道多层级的顶层设计，是一个长期的探索过程，而在这个过程中形成街道政府部门牵头、城市运营服务企业作为成员参与的模式，将有助于促进城市基层治理的有效运转。

---

① 企业公民是指一个公司将社会基本价值与日常商业实践、运作和政策相整合的行为方式。

合理的投入与结果验收标准。对于某些服务内容的招标过程中，不同的市场化企业对于将要提供服务的价格并不明确。对于企业而言，成本价格越低盈利效益越大，但在政府角度，成本价格过低，实际操作中服务质量无法保障。在基层城市治理改革实践中，从对品质把控能力、项目的结果导向来看，各个企业的能力还是未知数。从长远运转效益来看，通过市场变化与政府管理等经验制定较为合理的服务价格与验收标准能够有效规范政企合作模式，并有利于最大化街道自身的自治职能。

二 街道层面"全域智能运营"的体系构建

"全域智能运营"的实现是一个系统性工程，同时需要公共管理学、经济学、城市规划学、社会学等多专业的支撑，从而形成一个具有从理论指导、实践落实、后期评估特点的和不同要素组成的完备体系。构建政府主导、市场运营、公众参与的多元主体协同治理模式是街道层面"全域智能运营"体系的关键，其中既需要多学科的人才力量和智慧的软硬件设备，也需要明晰的制度设计和服务内容。如图2-3所示，"全域职能运营"的体系主要由保障体系、内容框架和实施框架三大部分内容构成。由法律法规体系、上位组织体系、监督考核组成的保障体系是"全域智能运营"的有效实施前提。法律法规对"全域智能运营"的内框架起到保障作用，上位组织体系是"全域智能运营"体系能否形成的关键，智慧平台对"全域智能运营"体系提供技术性支撑作用。同时，"全域智能运营"也需要监督评价体系，对其起到考核和评估作用。而内容框架和实施框架是街道"全域智能运营"的"血与肉"。在内容框架中，组织机构要素决定了多元主体的权责划分，而权责划分构建了精确的服务体系；在实施框架中，运行机制形成明晰而有效的实施阶段，最后，"全域智能运营"体系在实施阶段过程中会由于不同的地方情况从而衍生出不同的实践模式。总的来说"全域智能运营"多个体系内部运行的同时又与其他相关联的系统相互协作，促成"全域智能运营"体系有效运行。

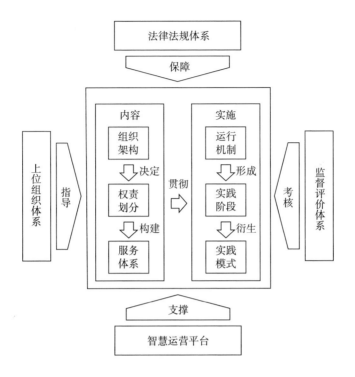

图 2-3　"全域智能运营"体系

三　街道层面"全域智能运营"的内容框架

　　组织结构、权责划分、服务体系涵盖了运营体系中重点关注的内容，构成了街道层面"全域智能运营"的内容框架。运营体系中内容框架明晰有利于运营实施过程中的精准聚焦，同时实施的过程也是对"体系"所关注的具体内容的贯彻落实。"体系"所关注的具体内容主要包括组织结构、权责划分、服务体系三个层面，层层递进。由政府主体、市场主体和社会主体构成的多元主体构成了体系中基础组织结构；在城市公共管理中，不同主体之间的权责边界要根据具体事务、参与主体的情况进行划分；依据对不同管理事务的划分，"全域智能运营"建立起包括服务核心理念、服务覆盖范围、服务应用领域三个部分的服务体系。

　　组织结构的明确决定了权责划分的多种形式，从而构建出针对不同城市管理事务的服务体系。首先对参与城市管理事务的不同类型主体进行划分，然后根据不同主体参与城市管理事务的优势与事务特征进行权责边界划分，最后整合参与主体、具体权责等信息构建出不同类型服务体系。这种分层级的内容划分方式也为后续具体的治理实施过程提供了明确的行动指引。

四　街道层面"全域智能运营"的实施框架

在"全域智能运营"总体框架的内部功能体系中，实施框架将对服务内容一以贯之，落实在实施框架的各个环节。本研究中，"全域智能运营"实施框架环节环环相扣，通过搭建高效全面的运行机制，把握实施阶段的准确划分，从而衍生出因地制宜的实践模式。

构建运行机制是对"全域智能运营"模式的全局把握，实际落实需要逐步推进，自上而下、以点带面、由偏到全，故对实施阶段进行划分，主要包含四个阶段：统筹立项阶段、启动管理阶段、精细化管理阶段、全域管理阶段。统筹立项阶段是首要的顶层设计，主要把握实施方案的价值导向；进入启动管理阶段，由政府主体搭建平台，引入物业管理企业力量，逐渐形成治理的全新格局，打造一批示范点；精细化管理阶段则是强调从点到面的渗透，整合城市服务业务的链条，逐步实现各业务领域的全覆盖，形成良好的协同治理生态；最后借助城市智慧运营平台和数据的力量开展动态评估和透明监管，也就是全域管理阶段的核心所在。

不同地区的发展历史和现状、存在的问题和诉求、涉及的主体和权责、城市服务运营商的优势和资源存在差异，而合适的实践模式对"全域智能运营"落地意义重大。本研究分析和归纳了数个典型案例，主要根据政企合作关系，总结了三种不同的实践模式：政企委托管理关系的实践模式、政企股权合作关系的实践模式以及政企顾问关系的实践模式。三种具有在地性的实践模式，细化了普适性的基础构架，有助于各地区在实践中切实落地，提供精准化、高品质的服务。

五　"全域智能运营"的保障体系

（一）"全域智能运营"的法律法规体系

落实与加强"全域智能运营"法律法规的建设对于保障"全域智能运营"的协调运转至关重要，这需要多级政府共同合作。在城市层面需要确定"全域智能运营"构建的法律地位，保障下级政府事务的有序开展；在区级政府层面需要制定"全域智能运营"的政策条例，为街道落实提供指导方针；在街道办事处层面，则需要结合本土问题，明确"全域智能运营"实施过程中的重点实施路径，充分考虑多方主体诉求，完善街道"全域智能运营"的执行框架。

地方政府应在"全域智能运营"具体落实中，在遵守国家和地方相关法律法规、政策、管理办法的同时，也应结合自身属地特性制定出一套能够保障"全域智能运营"落地的法律体系，在相关执法部门与政府顺畅合法衔接起到指导性作用。有关法律法规体系，首先包括国家和地方管理条例以及地方政府制定的城市《"全域智能运营"改革总体办法》，为"全域智能运营"项目前期规划提供顶层设计，确定地方政府在"全域智能运营"改革过程中的主导作用，合理授权市场化的城市运营服务商介入城市公共服务管理相关领域，为企业参与"全域智能运营"在未来发展方向、实施领域和市场准入方面提供指导性意见。其次，还应制定相关配套管理办法，如负责"全域智能运营"改革领导小组的工作原则、组织架构、权责、运行的《城市治理改革领导小组办法》；负责"全域智能运营"的政府权力下放分配细则和各部门协调统筹内容的《"全域智能运营"事权下放实施方案》；负责城市公共服务具体业务具体内容、政策依据、业务主管清单的《"全域智能运营"业务清单》；负责对城市运营服务阐明的工作原则，规范企业行为以及对"全域智能运营"成效的监督、审查的《"全域智能运营"服务监督管理实施方案》等。总之，"全域智能运营"的法律法规体系是对其前期规划、主体准入、内容制定、过程实施、监督评价等全过程的提供法律基础和法律约束，为"全域智能运营"提供合法性依据。

（二）"全域智能运营"的上位组织体系

中央城市工作会议中提出，城市基层治理着力打破边界壁垒，2015 年统筹整合跨领域多部门资源，构建覆盖全领域、全周期、全要素的现代化治理体系。"全域智能运营"的上位组织由地方区一级政府和街道一级政府的政府机构组成，上位组织依据城市管理相关法律法规，在城市高质发展和精细化管理的指导思想下，制定街道层面的"全域智能运营"的政策和管理办法体系。其次，在提高城市治理效能的基础上确定"全域智能运营"工作原则、执行主体、工作内容和保障机制。最后，上位组织还需明确"全域智能运营"的多元主体权责划分和物业企业的监管等核心内容，同时对其进行全过程动态的评估和管理。从而达到辖区治理品质和安全管理能力进一步提升，相关领域政商关系进一步规范透明，城区治理的市场化、精细化、智能化水平实现质的飞跃的目标。

（三）"全域智能运营"的监督考核体系

在街道城市治理改革中，监督考核是提高治理成效的重要一环，有着举足轻重、无可替代的作用。通过建立和完善监督考核体系，不断追求考核机制和措施创新，提升城市运营服务质量，保障"全域智能运营"长效运行。

1. 基本原则

以"严把准入、动态评估、及时退出"作为选取、管理和监督城市运营服务企业的基本原则，切实规范城市运营服务商行为，提升项目的服务水平和质量，构筑规范透明政商关系，结合地方实际制定监督考核实施方案。

2. 长效监管机制

推动企业自查。城市运营服务商每季度就履约情况形成自查报告并及时提交，报告内容包括服务质量、安全管理、城市运营管理全覆盖情况、存在问题及下一步整改措施等。

实行属地评价。各街道党工委（办事处）每季度依据城市运营服务企业的自查报告和服务合同实际履行情况,形成履约评价报告,并作出履约情况优、良、中、差的等次评定。在下一季度的第一个月内向一级城市管理和综合执法局提交履约评价报告。

部门联合审查。城市管理和综合执法局会同相关职能部门和街道审查履约评价报告,并向采购主管部门通报城市运营服务企业履约评价情况。

强化社会监督。组织各社区、物业小区、辖区"两代表一委员"、群众代表及新闻媒体共同参与"全域智能运营"实施成效考核,并广泛公示责任单位和责任人。利用公众参与平台,通过奖励等方式广泛发动广大市民共同参与监督、监管,利用社会力量以点带面,改进"全域智能运营"监管体制。

强化第三方监管。聘请专业化的第三方质量监管企业,对城市运营服务企业的作业标准、服务质量、安全生产、员工劳动保障、设施设备维护等事项进行监管。

强化合同履约监管。完善"全域智能运营"考评工作细则,落实前期规划、主体准入、内容制定、过程实施、工作成效全过程监管,进一步细化扣分扣款措施操作程序和标准,实行"扣分必扣款"零容忍原则,严格落实处罚措施,每月通报问题、扣分扣款情况和考核排名。建立服务履约评价和诚信管理制度,对履约不到位的企业视情况采取约谈、警告、扣款、解除合同、纳入诚信黑名单等惩处措施,其中纳入诚信黑名单企业将取消城市公共管理服务预选供应商资格并在辖区开展相关服务中受到限制。

（四）"全域智能运营"的智慧平台

1. 整体架构

城市运营服务企业提出了城市空间智慧运营解决方案,以应对城市运营中更高标准的数智运营、更灵活的一体化运营、更精细化的专业服务力、更均等化的公共服务资源等新需求新挑战,这一架构的构建旨在对城市服务的业务进行重新解构、组合,对服务空间、服务资源、服务执行、监管评价的一体化管理,辅助数字化、智慧化工具及平台，构建"线上+线下"的运营模式，赋能各专业作业端，提高城市服务的效率和水平。

2. 业务逻辑

首先，城市运营服务商通过业务线上化实现提效降本，提高公共资源使用效益，推动城市运营以市场化评估、市场化资源利用。其次，以流程信息化实现作业标准、服务标准的专业统一，推动城市运营的专业化；以空间管理、资产管理、社群服务三大核心引擎共同驱动城市空间的高效运营。最后，以工单的形式派发给一线工作人员实现线下事件处理，从而形成闭环。

3. 城市空间运营平台

平台对城市部件进行实时数据采集，利用边缘计算能力接入城市监控系统实现视频资源共享。统一管理业务对象，并通过工单的形式发起任务，实现每条任务有迹可循；统一对人员进行定位和考勤管理，实现数字化监控、自动化人员考勤。同时，通过市民评价、专家巡查两个维度对业务质量进行管控，市民可通过线上提交需整改问题，并在线上形成闭环完成整改。业务全过程通过线上运营监管，对于城市公共管理业务的标准服务体系进行实时监察，不断打磨标准服务体系，积累运营数据，提高数据准确性，辅助决策，组建基于数字化运营的城市服务新模式。

第四节　街道层面"全域智能
运营"的内容框架

一　"全域智能运营"的组织机构

"全域智能运营"相关机构的构建对于处理政企关系、了解多元主体诉求有重要的指导意义，主要分为"全域智能运营"的监管机构、执行机构。

"全域智能运营"的"监管机构"对于处理政企关系、奠定

"全域智能运营"发展方向有重要的指导意义，由政府区一级的有
关部门、街道办事处和第三方机构组成，对城市运营服务企业准
入、城市基层治理实施成效进行考核审查。"全域智能运营"的
"执行机构"由城市运营服务商和相关供应链服务商组成，城市运
营服务商是由政府直接授权或城市治理委员会授权负责"全域智能
运营"管理、服务、运营的一级承包商和运行平台，是承接"全域
智能运营"各项具体业务的执行机构，同时也是强化政府与企业的
关系构建，成为政府与公民友好沟通的桥梁。

　　各组织机构重视政企关系中监管与创新之间的动态关系，在街
道城市治理改革中追求多元与共赢、实现多目标平衡、治理过程动
态优化、治理工具灵活转化并助力政府与企业深化合作，从而形成
多元主体上下协同的"全域智能运营"治理模式。

　　二　"全域智能运营"的权责划分

　　权责划分的首要是梳理权配置现状、发掘责权不配位现象，把
更多的资源、服务、管理向基层一线倾斜，将实施管理和资源调配
下放至城市运营服务企业，增强街道的统筹协调能力和工作抓手。
如图 2-4 所示，将城市公共管理的权责分为弹性边界和刚性边界两
大类，政府和企业之间的弹性边界类权责是模糊的，对应权责需要
政府企业共同助力完成，比如在城市管理办法制定方面，企业具有
为办法制定提供建议的权力，提供在政府指定"全域智能运营"改
革办法过程中，企业也适度提供市场方的建设建议，促使办法更加
科学化；但刚性的权责边界是清晰的，对应权责划分明确，政府和
企业上下分工明确，如在公共秩序上的"巡办"分离。

　　政府授权领域内，政府与企业之间的权责大致在公共事务、公
共服务、公共资源、公共秩序这四个领域。权责划分需要明确以下
三点：一是适当放权，政府相关部门的综合治理权退后一步；二是
保留城市治理过程中的行政权力、执法权力，对城市运营服务企业
全过程的监督权力和治理成效的考核权力，城市运营服务企业作为
市场主体不涉及执法权；三是城市运营服务企业在"全域智能运营"

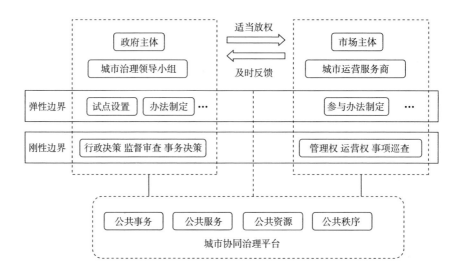

图 2-4 权责划分示意

模式下的商业规则中犹如一个城市管家,其管理权、治理权、运营权的侧重点在于借助自身业务能力和人力资源在公共事务、公共服务、公共资源、公共秩序方面提高城市治理的效率。

1. 公共事务

公共事务主要包含决策性工作和管理性工作,涉及决策性的公共事务应由政府全权负责,不能委托企业等其他主体协助,避免出现利益至上的市场化决策,保证公共事务的顶层指导具有公平性,坚守执法保障的底线。

在管理性的公共事务上,政府负责监督与评价,企业的职责侧重协助政府优化管理职能,落实相关要求。政府和企业在公共事务上承担的具体业务不同,例如对职责区块的划分,政府顶层决策出台相关法律法规文件和审议,企业编制各区块的具体规划作业和落实。日常维护和巡查工作,包括市容巡查、国土巡查等,企业职责集中于对违法违规项目的及时通报,协同主导的政府执法主管部门处理。为了方便公共事务等的开展,城市数据信息获取、收集和管理上,政府和城市运营服务企业形成一定程度的信息交流和共享制度，以保证管理服务高效运行。

2. 公共服务

公共服务主要涵盖基层社区服务和应急管理辅助服务。基层社区服务常见的部分是满足市民日常生活需要的工作，应急管理辅助服务是应对突发事件的人员物资调派以及人口流动管理相关工作。

城市运营服务企业在基层社区服务方面要建立管理+服务+运营的整合体系，迈向街道，实现区域的协调和管理；落实小区，关注到小范围个体的特性和需求。

政府则严格进行全过程监督和综合考评企业的公共服务效果。主要的业务包括社区党群中心服务、日间照料服务、志愿者服务、网格服务等。在应急管理辅助服务上，例如2020年突发的新冠肺炎疫情，政府和企业应该高效协同，城市运营服务企业的精细服务，街道的有序管理，两者协同一方面能合理组织调动人力物力资源，有效防控疫情传播，同时能提高隔离防控期间市民生活服务的质量。

3. 公共资源

公共资源是指归国家所有或者劳动群众集体所有的财产，包括城市公用资金，公用和公共服务设施，由政府接管、国家经租、收购、新建以及由国有单位用自筹资金建设或购买的房产等资源。

在"全域智能运营"模式下，政府相关法律法规，授权城市运营服务商对城市公共资产进行管理和运营。政府拥有城市公共资产所有权并同时审查监督企业对公共资产运营全过程。城市运营服务企业对公共资产合理实行调配使用，具体包括物业资产管理运营、招商租赁、城市更新改造、市政资产管理盘控等内容。

4. 公共秩序

公共秩序也称"社会秩序"，指为维护社会公共生活所必需的秩序，由法律，行政法规，国家机关、企业事业单位和社会团体的规章制度等所确定，主要包括社会管理秩序、生产秩序、工作秩序、交通秩序和公共场所秩序等。企业在公共秩序上进行辅助执法和基础秩序维护的作用，主要业务包含交通秩序维护、重大应急事件维护、社会活动维护等。

综上，公共事务、公共服务、公共资源、公共秩序是城市运营服务的四大核心板块，涵盖街道层面居民所需要解决的各项服务。各个板块厘清政府和城市运营服务企业的权责边界，充分利用政府刚性的行政管理优势、企业专业的服务供给水平，以期将两者在各自的边界内实现优势最大化，提高城市治理的效率。

三 "全域智能运营"的服务体系

大致可以分为服务核心理念、服务覆盖范围、服务应用领域三大部分。

（一）服务核心理念

坚持人本初心。"全域智能运营"倡导的城市智慧运营模式始终坚持关注城市民众日益增长的社会需求，创新城市公共服务模式从而达到提升城市社会生活品质的新目标。

政企合作驱动，问题导向与价值导向相结合。企业与政府上下统筹、相互协作城市基层公共服务管理，形成城市治理新格局。以解决城市治理难题和实现城市社会生活高品质为抓手，共同创造城市治理新价值。

凝聚核心优势，构建高品质服务。借助城市运营服务企业在物业管理领域的专业化能力和成熟经验积累，通过标准化、系统化、数字化手段整合城市公共服务供应链关系，构建智慧化的城市公共服务管理平台，从而提供更加丰富、多元、科技的优质服务。

（二）服务覆盖范围

政府委托合同规定辖区范围内所有城中村、商业场所、办公楼宇、工业园区、功能建筑、临时建筑和所配备地下空间，以及公共道路、公共设施、公共空间、桥梁通道、屋顶外墙、广场绿地、公园山林、河流湖泊海岸等相关区域。

（三）服务应用领域

城市公共管理主要分为公共秩序、公共资源、公共事务、公共

服务四大领域。"全域智能运营"的服务应用领域内容依然来自于
以上"四公"领域，但为更加直观理解"全域智能运营"的服务特
征，对其划分条件进行重构。根据服务类别的差异以及服务类别对
城市产生作用差异分为了三类服务领域，分别是城市公共基础类服
务、城市综合治理类服务、城市品质提升类服务，如图 2-5 所示。

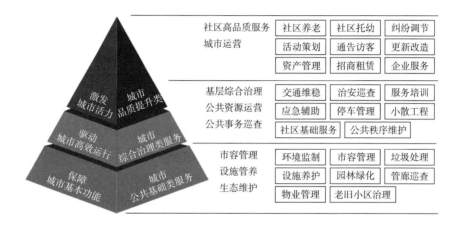

图 2-5　"全域智能运营"服务类型

城市公共基础类服务涵盖的领域主要是城市的市容管理、设施管
养、生态维护类以保障城市基本功能的业务领域。此类服务特别是市
容市貌和老旧小区改造治理，即是政府治理的难点和痛点，也同时对
城市形象和城市运行效率有直接影响。城市运营服务商介入后，可以
利用自身高效、智慧、专业化能力解决相应城市公共管理问题。

城市综合治理类服务主要涵盖基层综合治理、公共资源运营、
公共事务巡查三个方向。相比城市公共基础类服务，城市综合治理
类服务聚焦于对城市社会治理和公共空间方面，小散工程和社区基
础服务属于基层社区治理的重点内容，发挥城市服务运营商灵活调
配人力资源的特点，能够助力地方政府单位进行社区治理。同时城
市服务运营商通过介入治安巡查、交通巡查、应急辅助等业务提高
城市的运行效率。

城市品质提升类服务主要涵盖社区高品质服务和城市运营两个部分，社区高品质服务包含社区养老、社区托幼、纠纷调解、通信来访等业务，顺应国家社区就地养老政策，城市运营服务商致力于从老有所养、幼有所教理念来提升社区温度。城市运营包含企业服务、资产管理、招商租赁、更新改造等业务。

第五节　街道层面"全域智能运营"的实施框架

一　"全域智能运营"的运行机制

运行机制作为实施框架的核心内容，是"全域智能运营"模式的基石，阐释了实施层面最根本的主体关系、服务领域以及运营管理平台，具有普适性。健全灵活的运行机制则应当是政府主导、市场运营、公众参与的多元主体协同平台的核心。政府主体侧重政策指导，战略性把握社会主体所看重安居乐业的生活环境，市场主体所看重宜商宜业的市场环境的根本需求导向；市场主体运营企业的重心在切实落实政策文件，协助基层政府完善实施方案，同时关注社会主体的需求，以优质的服务质量树立"企业公民"的形象；社会主体积极参与是监督政府和企业的途径，同时也是表达自我诉求的发声器；各主体明确自我权责是提高协同合作能力，保障"全域智能运营"模式高效推行的基础。在运行机制的骨架基础上，依据居民的服务需求，整合城市公共空间涉及的服务内容，划分四个基础领域，能为职能部门和服务单位提供更科学、精细的业务管理版块，作为促进"全域智能运营"模式高品质、高效率运行的发力点，提高居民的获得感、幸福感和安全感。"全域智能运营"管理平台则是作为运行机制的"CPU"，实时接收、反馈服务状态和各方意见，统筹处理，为"全域智能运营"提供了一个智慧的运营生态，如图 2-6 所示。

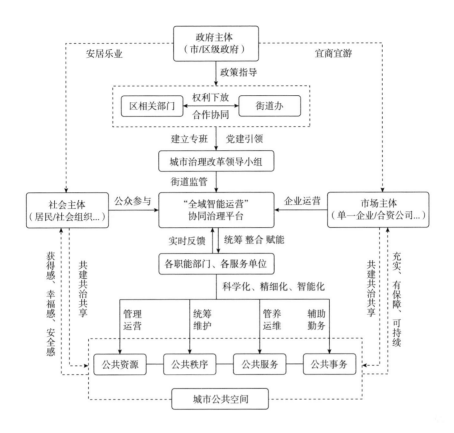

图 2-6 "全域智能运营"模式普适性运行框架

1. 关键点

整合:"全域智能运营"将融合城市服务中不同的业务,将服务领域分为四大核心板块,即公共资源、公共秩序、公共服务与公共事务。该运行机制以协同管理平台为主要支撑,对接"全域智能运营"打破条块壁垒进行管理的需求。

智慧:"全域智能运营"的智慧运营管理平台将通过业务跑通以获取数据,而后进行大量的数据沉淀加以分析,促进以数据分析为依据优化运营的手段更加高效发展,来纵向打通线上与线下的联结障碍。同时,通过以数字世界模拟物理世界的方法来集中监督全业务场景的运作状况,以支持更加便捷地发现异常并及时处置、实现数字化运营与指挥调度。为此，需要通过专业的智慧运营手段来提高城市服务的效率和水平，打造协助基层政府部门"大脑"的政策有效实施、促进"全域智能运营"各组成部分平衡有序运转的智能"小脑"。

共建："全域智能运营"需要以政企之间的亲情合作为根基，连接有关各方不断探索共建新范式。市、区级政府主要负责相应改革的顶层设计，以及对区相关部门、街道办的政策指导。区相关部门将权力下放至各街道办，根据工作实际需求科学调剂编制资源和人员配置，并且与街道办合作成立城市治理改革领导小组，在街道的监管下建立"全域智能运营"协同管理平台交由企业进行市场化运营管理。在平台运行更灵活高效、公开透明的前提下，有关各方进而需统筹整合各职能部门与服务单位，以积极动员企业、街道整合资源、汇聚新合力、建立政企之间的创新协同合作关系。

2. 优势

多元主体参与治理："全域智能运营"的运营管理主体有政府、企业、居民等。政府主要负责的部分为城市治理的规划决策，而管理权则大多交给城市服务运营企业，监督考核的部分则由政府和民众共同承担，多方构建具有法律保障且稳定的执行平台。通过多元主体的积极参与和明确分工、相互协调来增强"全域智能运营"这一系统的稳健性和灵活性，对"全域智能运营"的服务领域进行科学化、精细化、智能化的运营管理。

服务领域明确划分："全域智能运营"服务的领域所分为的四个板块（公共事务、公共服务、公共资源、公共秩序），基本涵盖了街道层面居民所需要解决的各项服务。在不同领域内定义了各参与主体相对清晰的权责边界与工作内容，充分发挥与结合了政府行政管理的确定性优势和企业城市服务的灵活性、专业性优势，促进城市治理效率全面提升。

促进公众参与管理："全域智能运营"通过设计与提供互动平台，激励社会公众积极参与"全域智能运营"的服务管理全过程。

通过系统中公众参与面的拓展和深化，促使政府主体能够及时了解公众诉求、与公众共同监督市场主体的运营实施质量，使得"全域智能运营"所提供的服务更加贴近群众、便利群众。促进公众参与管理的优势在于建立更加明确清晰有效的规则体系，使得平台将各方利益进行通盘考量，最终实现协同治理、达到"共建、共治、共享"的目标。

二　"全域智能运营"的实施阶段

"全域智能运营"的实施阶段，主要分为统筹立项阶段、启动管理阶段、精细化管理阶段、全域治理阶段。

1. 统筹立项阶段——自上而下，顶层设计

根据城市治理改革工作的要求，与该阶段政府有关部门需结合地方治理实际情况、建立城市治理改革领导小组。以深圳福田区为例，在其街道办成立的改革领导小组构架内，政府进行基层治理的工作流程、对"全域智能运营"实施框架的各重点环节制定实施方案。具体的顶层设计流程为，由区城管和综合执法局研究制定全区实施方案，区住房建设局研究制定"三无小区"和老旧小区集约化的纳管实施方案，区委编办研究制定管理事权下放实施方案，区政务服务数据管理局研究制定智慧赋能"全域智能运营"实施方案。而后，各街道党工委（办事处）在全区方案的基础上，积极开展调研、广泛征求意见，与合作优质服务企业就方案实施进行深入探讨。此外，街道办及有关部门因地制宜地制定改革具体方案，充分作好项目相关的风险评估与危机预警，完成了与合作企业之间的初步对接。

2. 启动管理阶段——引入力量，创新格局

各参与主体协同制定"全域智能运营"实施的总体方案，确保基本内容有序委托，并基本实现对街道辖区的城市运营管理全覆盖，以及公共安全、市容环境等方面管理的精细化。在该阶段，城市治理改革领导小组选取街道辖区内具有突出特点的老旧小区或其他类型建成区，重点打造成城市运营服务改革的示范点。而后，需

搭建城市运营服务平台，依据适宜的政府采购方式引入市场力量确立城市运营服务商，以此作为"全域智能运营"实施的市场主体，承接城市服务的具体组织事务并管理提供各类服务的供应商。城市运营服务商的选取需要根据地方政企合作的实际情况进行考量，主要有股权相对单一的市场化企业和民营企业与国有企业进行股权合作共同组建的合资企业两种类型。

城市运营服务商需协同其他参与主体，建立"全域智能运营"智慧管理运营中心，以便构建街道层面的基层治理新格局。该中心将依托城市治理基础设施，"以智慧化为手段，以一体化、市场化、专业化为理念"搭建新型城市空间智慧运营体系。借助人工智能、数字孪生、5G 等新一代信息化科技搭建全新城市空间运营平台，并通过数据共享、业务工单整合等途径优化合力管理，推动城市运营一体化融合生长，实现整体感知、联合奖惩、服务竞投、全程监管等管理目标。

3. 精细性化管理阶段——整合资源，智慧调配

考虑到地方基层治理的实际状况各有差异（例如某些街道办和城市公共服务外包企业之间的合同到期时段不一，导致确立或更新城市运营服务商结构存在困难），各参与主体应按照"先易后难、分批进入、稳步实施"的原则，对各相应的业务领域进行估测、整合资源、逐步纳入，直至做到全方位纳管。同时，城市运营服务商应构建有利于协同治理的商业运营生态，整合塑造城市公共服务业务链条，着力转变服务理念模式、积极联动各参与主体。这样，城市治理改革领导小组和城市运营服务商才能够更有效地实时了解精细化治理过程中的难点和痛点、对所掌握的各类资源做到智慧调配，从而调动基层治理活力、释放基层治理新效能。

4. 全域智能运营阶段——动态评估，监管透明

"全域智能运营"进入后期较为成熟的自组织运营阶段时，应当将业务领域基本延伸至法定内容中城市公共服务管理的相关部分，对实地管辖空间做到全覆盖，基本形成"全域智能运营"实施

所需要的协同管理环境。在全域智能运营阶段，各参与主体需相互合作，对"全域智能运营"实行实时动态、清晰透明的评估与监管。政府主体需定期对"全域智能运营"的实施成效和所有参与主体的工作表现进行评价。城市运营服务商则需定期进行自我评估，借助城市智慧运营平台进行相关数据分析、总结经验教训，并对城市治理改革领导小组进行工作汇报。在这个过程中，各参与主体需注重因地制宜地建立各种反映群众意见的渠道，并对群众的需求做到及时反馈、有效响应，体现出"全域智能运营阶段"的创新优势中深化公众参与的意义与价值。

街区层面的城市治理改革工作步入该阶段时，应当通过智慧城市等理念与相应的手段，优化完善基层治理路径以改善城市运行效率、为城市居民提供更高品质服务，展现人文关怀、提升城市温度，提供基层善治的"全域智能运营"样本。

三　"全域智能运营"的实践模式

通过"全域智能运营"模式的实施倒逼街道层面基层治理的优化与改革，各参与主体协同构建普适性运行框架的核心应是推动政企合作，运用各自的优势种类资源弥补各方在实施管理和服务过程中的不足。按照普适性运行框架的环节设置来看，围绕着协同管理平台的街道办有关部门、市场主体和社会主体，存在着基于街道监管、企业运营和公众参与等途径的多方合作。目前，这种多方合作的实践模式按照企业参与的深度逐次由深到浅、盈利面逐次由宽到窄，可总结为委托管理模式、股份合作模式、顾问模式三种类型。

1. 委托管理模式

政府部门委托城市运营服务商对街道的拓展增值服务进行包揽，由单一或数个企业针对各类服务领域依据自身管理经验优势进行外包，而政府主要起到对城市运营服务的管理进行监督和执法的作用。这种合作模式一般受到专门的政策支持，街道办政府部门与企业之间有着深度的合作经验，解决权责划分与事务纠纷的能力较强，拓展新型业务的延展性和发展新盈利面的可能性也较大，如图2-7所示。

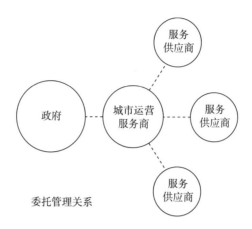

委托管理关系

图 2-7 "全域智能运营"委托管理模式

2. 股份合作模式

在政府部门主持下，城市运营服务商和其他企业（通常是国有企业）进行股份合作、成立合资公司，由该公司作为运营平台面向街道提供拓展增值服务。城市运营服务商主要通过股份提成盈利，而政府则主要承担监督执法的职能。宏观来看，这种合作模式在政企合作的大背景中为各方提供了一个比较成熟的平衡点，即通过削弱企业与政府部门的直接接触、增强与政府关系较密的国有企业与民营企业间接触来避免过多的权责纠纷，并将多数事务性的工作下放至企业间合作的层面，如图 2-8 所示。

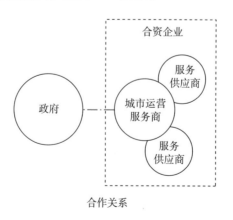

合作关系

图 2-8 "全域智能运营"股份合作模式

3. 顾问模式

由政府对街道辖区的各类扩展增值服务的直接进行管理，由相应部门对接既有的公共服务供应商进行直接的外包，然后聘请城市运营服务商依据自身管理经验优势、对现有的服务供给提供第三方评估。在这种模式中，城市运营服务商并没有介入到街道管理事务之中，政企之间的合作仅仅局限于业务培训、协助评估等方面，未来合作程度加深的可能性相较于其他两种模式最小，如图 2-9 所示。

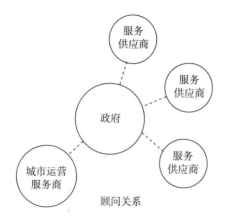

图 2-9　"全域智能运营"顾问模式

第六节　街道层面"全域智能运营"的实践探索

一　街道层面的"全域智能运营"运行框架

本研究主要选取 6 个典型案例进行剖析，其中委托管理模式的 3 个案例分别为深圳沙头街道、武汉百步亭社区和武汉常青花园新区街道；股份合作模式的 2 个案例分别为横琴新区、深圳福保街道；顾问模式的典型案例为深圳 Y 街道。基于各案例的基本合作模式基础，分析如何依据案例所处的治理环境构建城市公共服务供给的运行框架，最终达到政企合作互利共赢的局面。

（一）委托管理模式为主的案例

1. 沙头街道

沙头街道是典型的政府以直接委托的模式与企业进行合作提供基层治理公共服务的案例。在街道办领导层的支持和各政府部门的通力配合下，以改变街道现有的低效公共服务供给格局为目标，以保洁公司工作模式改革为切入点引进城市运营服务商万物云城，希望在街道维度通过建立单一企业构成的市场主体衔接基层治理与具体的服务提供。从普适性运行框架的角度来看，沙头街道为政企合作打造了城市治理运营中心，该机构由街道办领导层组建的专项领导小组直接领导监督，由万物云城等企业与各政府职能部门派员进驻以形成问题联合处理、功能优势互补、权责明晰划分的衔接网络。毋庸置疑，该机构在处理既有治理格局所带来的不可持续性和高成本低效率问题上，具备街道办规章制度的保障以及企业的标准化运作流程，从而具有巨大的优势。

目前沙头街道针对内部存在大量未完成签约合同工期的物业服务公司，以及存在多种复杂居住环境的现实情况，以落实公共服务供给的科学化、精细化以及智能化为导向，将街道办相关部门对治理状态进行巡查过程中发现的难以立刻解决的问题提交给万物云城，利用其智慧平台的工单系统分派给相关工作人员处理，实施闭环式标准化监督的办法，最终实现"巡办分离"。在这个实施过程中，城市运营管理中心充当了各类情报信息交互的枢纽，理论上在对处理街道层级政企合作过程中因权责划分带来的问题和纠纷方面，具有系统内解决、避免问题扩大化的能力，具备一定灵活性。而且，街道办各部门则避免了直接介入服务供给的相关对接事务，降低了因缺乏相应权力和执行力而产生的各种问题，转而交给企业按照标准化流程去解决。

该案例的运行框架如 2-10 所示，体现出相对简洁明了、问题解决能力覆盖面广的特点，这与普适性运行框架最为契合。从沙头街道建设"全域智能运营"的运行框架来看，在所有以委托管理模式为主的案例中,其在街道办进行基层治理、企业提供标准化管理与服务和社区发掘自身自治能力方面,达成了相对的平衡状态,这种稳妥性的优势很可能会成为该案例的运行框架稳步发展、广泛普及的条件。

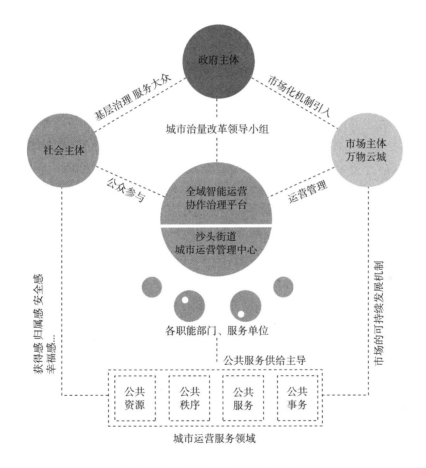

图 2-10 沙头街道城市运营服务运行框架

2. 百步亭社区

相比于沙头街道,同样处于街道层级管辖之下的武汉市百步亭社区采取了企业参与程度更高的直接委托模式。该案例为百步亭集团开发的商品房新区,其基层治理取消了街道办这一编制,基本将治理权限全部交给了由百步亭集团主导的社区管委会。政企合作体现在该社区党委对社区管委会的监督管理与事务商议的直接参与上，确保了政府部门在企业为主的管理机构中的影响。从普适性运行框架的角度来看，城市治理平台被整合到了百步亭社区管委会以及下属的各社区服务中心，而由于街道办被取消，上位的城市治理改革领导小组层级由百步亭集团派驻的领导层填补。这样，在街道下各社区的公共服务提供中，市场主体就能更加灵活地发挥资源调配和标准化管理的功能，从而弥补传统街道办在基层治理中的弱项与不足。

百步亭集团作为民营企业，在创建全国新型社区治理模式的背景下通过大规模的新区建设和提供优良的服务获得了街道层级的管理权限。在百步亭社区，居住区和各类基础、公服设施的建设与基层治理同步实施，市场主体更加凸显出衔接区级政府主体提供的治理政策与街道居民主体的生活需求时所具备的优势。在社区管委会与外包物业服务企业、各个居委会的协同治理下，派驻各类服务机构和管理机构与负责社区建设的安居公司共同对接各类居民人群，利用企业主导管理的精细化和智慧化优势来解决居民的问题、激发居民对街道社区的自治活力。该案例本质上是以开发建设盈利为运转驱动因素，通过增大企业的参与权重来提升公共服务供给的精准程度和覆盖广度。

该案例的运行框架由于采取了突破传统基层模式的实施路径，可以看作是普适性运行框架的进一步优化，如图 2-11 所示。然而，这种优化是以住区开发建设与商业运营的获利作为基础的，在运行框架的可持续性方面有待商榷。同时，由于上级区政府对街道基本无派出机构，监督和协作工作基本靠社区的党政机构和有关部门的派驻人员，对企业主导的公共服务供给中可能的违规操作约束力相对不足，在基层治理的合法性方面存在问题和隐患。总而言之，该案例的运行框架有待进一步拓展优化和创新。

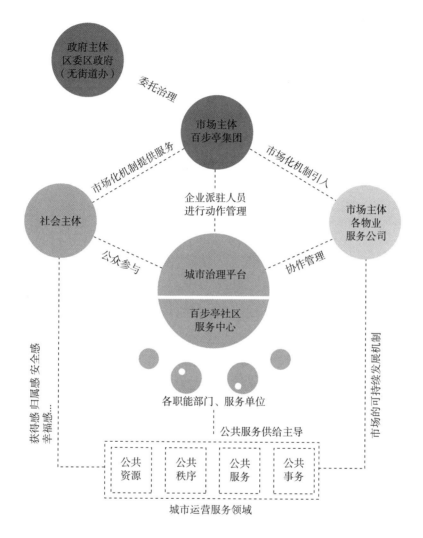

图2-11　百步亭社区城市运营服务运行框架

3. 常青花园新区街道

　　同样作为武汉市的街道层级行政单位，常青花园新区街道采取委托模式，其实施路径则与百步亭社区截然不同，其运行框架强调将基层治理重点下沉至社会主体。通过建立社区"大党委"，街道办构建了"党工委—社区大党委—网格党组织—楼栋党组织—党员"这种互联互通互动的组织构架和工作体系。通过"四联四对接

（目标对接、组织对接、活动对接、资源对接）""三事分流（将居民问题诉求按照大事、小事、私事进行分类分责处理）"，将企业、学校、社区、社会组织等基层党组织相互串联并形成网络，成为街道办进行基层治理的有力抓手。

从普适性运行框架的角度来看，该案例中城市运营服务的协同管理平台本质上是抽象化、行政化的，其主体为依附于基层党政组织构架的各种资源以党建的形式进行整合与调配、从而实施公共服务供给的某种机制，如图 2-12 所示。

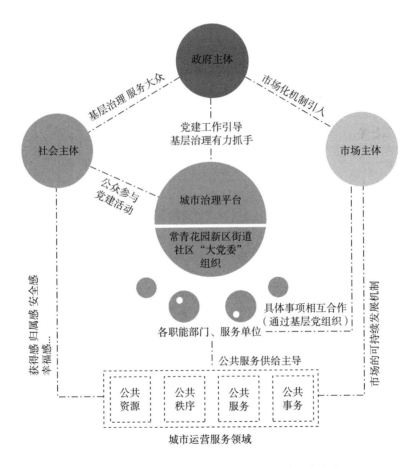

图 2-12　常青花园新区街道城市运营服务运行框架

以基层党组织为核心的社会主体在多方协同过程中，体现了街道办的基层治理意志与街道社区居民的自治意愿，在对政企合作权责纠纷的解决过程中更具权威代表性。然而，该案例中的市场主体以各类直接外包的物业服务企业（以保洁公司、安保公司等）为主，前两个案例中对这些处于服务供给末端的企业进行管理的职能由市场化的城市运营服务企业，转移至街道社区的"大党委"处，这便导致了因市场资源调配功能的缺乏，"大党委"在主导公共服务供给时对各个职能部门和服务单位所需的资源分配和标准制定方面存在短板。并且，由于"大党委"的行政属性，在应对街道办"上面千条线，下面一根针"的普遍性问题时更多地表现为将问题下沉至社区基层来内部解决，从技术角度来讲存在应对复杂的新治理问题时适应性不强的隐患。

总而言之，该案例的运行框架相较于普适性运行框架，表现出更加依赖居民自治的状态。在未来的发展中，该案例所代表的运行模式需要在积极引入市场化管理的背景下，就权责划分、标准制定、事务处理等方面的政企合作寻求新的平衡点。

（二）股份合作模式为主的案例

1. 横琴新区

珠海的大横琴城资公司是城市服务运营商领域首个采取股份合作成立的合资公司，提供了基层治理公共服务的典型案例。由于横琴新区的特殊地理区位，当地的公共管理和服务供给基本交给了由珠海大横琴集团和万物云城合资成立的大横琴城资公司。从创新的角度来说，当地无明确的街道办部门设置（仅设有综合执法局），大部分居民需求的满足都是通过城资公司来解决，而相应需要政府部门介入的部分则交给了作为国有企业的大横琴集团来操作。这种模式削弱了政企之间合作的目的导向壁垒（政府要在治理和成本间寻求平衡，而企业则需要逐利），以合资公司为主的市场主体是服务供给的主导方，将普适性运行框架中"全域智能运营"协同管理平台与下辖各职能部门、服务单位进行高度整合，以统一企业联合体的构架实施公共服务供给。

　　由于横琴新区在街道层级的基层治理特殊性，以及政企合作模式的初创性，该案例的运行框架相对简单并体现出强烈的企业主导特征，如图 2-13 所示。由于缺乏政府主体中街道办与区相关部门的协作监督，加之国企混改在管理权责纠纷处理、智慧平台构建等方面的相应问题，该案例的运行框架存在企业的工作方向不明晰、服务供给质量和延展性相对较弱的短板。

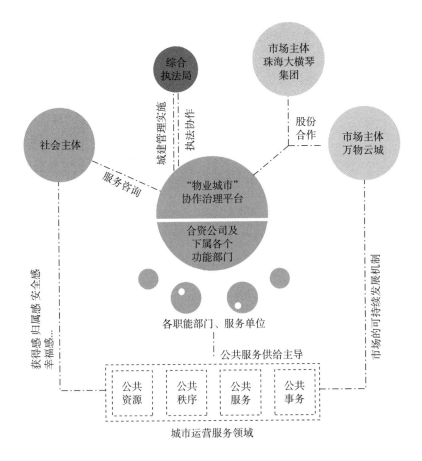

图 2-13　横琴新区城市运营服务运行框架

2. 福保街道

该案例与横琴新区案例的运行框架在组织构架和服务供给方面大部分相似，但它们之间最大的区别则体现在福保街道政企合作不仅仅是国有企业与民营企业进行股份合资，而是在此基础上引入了街道办这一主体的管理监督，并且以明确的合作框架作为街道办参与政企合作提供公共服务的标准化途径。在横琴新区等模式经营带来的成熟实施经验支持下，万物云城与深福保集团进行股份合作建立的合资公司明确了该合作框架内的各种服务谱系，而相关政府部门和公共服务供应商的权责边界则落在了街道办与上级区政府主导管理合资公司的对接上。

这类运行框架一定程度上缓解了街道办与上级区政府间条块分割和权责边界不清等问题带来的影响，并且更能在企业盈利与政府购买服务减轻行政负担之间找到平衡，同时在探索综合街道办进行监督执法的强制性与企业联合体提供公共服务的灵活性方面迈出了奠基性的一步，如图 2-14 所示。但是，该案例的框架在运行过程中面临的问题往往更加分散、繁琐，例如合资公司内部各企业分管事项的权责边界问题，以及在街道办实施监督管理时对部门条块对接内容方面的问题。总而言之，该案例运行框架的发展关键取决于街道办与区政府两级部门间治理关系的厘清，以及合资公司内部各参股企业间应对不同类型城市服务提供的明确权责划分。

（三）顾问模式为主的案例

1. Y 街道

从普适性运行框架的角度来看，深圳市 Y 街道的运行框架只能算作市场主体对"全域智能运营"协同管理平台进行企业运营的一部分，其运行目标在于为政府主体各部分及其下的城市治理改革领导小组提供意见参考，以及对协同管理平台下有需要的各职能部门、服务单位进行培训，如图 2-15 所示。

该案例中的政企合作实务与其基本合作模式间并无许多操作空间，城市运营服务企业目前完全处于扮演着第三方城市运营管理专家角色的阶段，为街道既有治理格局下、各村集体的物业服务公司提供技术支持。在这类案例中，新介入街道公共服务供给的企业仅能承担相对末端的权责事务，也因政企合作中绝大部分决策的权重都处于街道办政府部门手中而无法有效发挥自己的品牌效应（不可替代性较弱），其运行框架剖析与探讨未来发展前景的价值有待商榷。

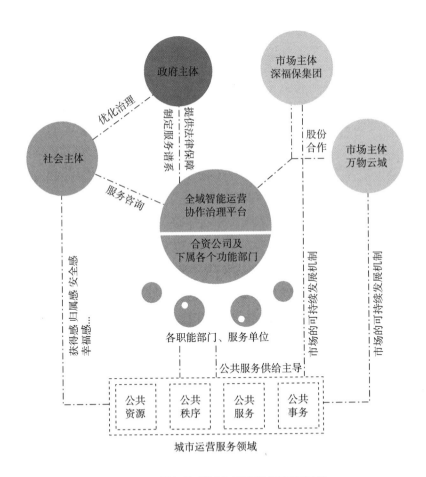

图 2-14 福保街道城市运营服务运行框架

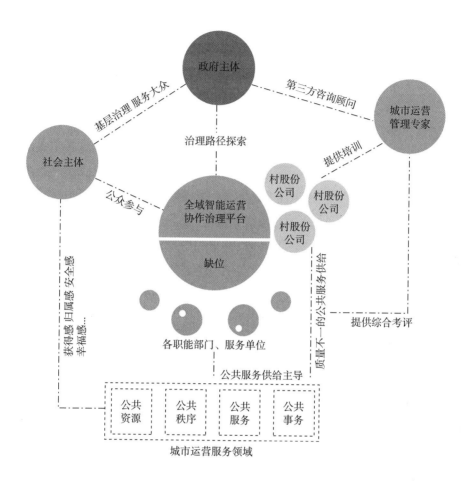

图 2-15 Y 街道城市运营服务运行框架

二 具体权责事项的实践解析

结合上述 3 种基本合作模式及相应 6 个案例的具体操作流程，总结分析每种基本合作模式下相应权责的划分与事项的实施。

（一）委托管理模式——以沙头街道案例为典型代表

在落实基层治理科学化、精细化和智能化的原则下，沙头街道以构建安全、规范、反腐的治理环境为目标，将构建"全域智能运营"辅助基层治理的具体权责事项落在了公共资源、公共秩序、公共服务和公共事务四个领域。

在公共资源的运营管理上，沙头街道案例与百步亭社区案例相似，均为将环卫、安防等资源统筹交与单一的城市运营服务企业进行外包招标与工作管理。市场主体通过类似工单系统的途径来掌控公共资源对接各类服务时的分配；政府主体则主要行使监督权、执法权，不再亲自插手公共资源管理的技术性事务。在公共秩序的统筹维护上，沙头街道案例主要以安防、维稳事务为主，与百步亭社区案例侧重的商业活力激发、常青花园新区街道案例侧重的党建引领居民自治有所不同；在沙头，街道办政府部门更加趋向于形成治理问题的探测器和叙述者，而企业则主要作为统一反映和解决问题的门户，体现在安防问题上"巡办分离"的实施。在公共服务的管养运维方面，沙头街道案例与百步亭案例相似，均为将具体的流程下沉到社区服务中心的服务管理部门进行操作，处于企业的全盘管理运营之下，而政府仅行使监督权、执法权以及对公共服务总体方向的引导权，特别体现在对"三无小区"的纳管之上。在公共事务的辅助勤务上，沙头街道案例与区域两个案例均相似，都是由街道办（社区管委会）以条例或实施办法等途径，统筹管理街道内保安、消防等系统的日常维护；企业则将在具体的维护过程中出现的政府插手乏力问题（如安全隐患巡查、设施更新、单车停放等）统一形成工单，交由下级外包的服务公司进行处理。

另外，沙头街道对网格治理系统的运用尚未完成与企业统筹管理之间的衔接，常青花园新区街道以社区党建创新为核心的网格治理系统深度运用的状况形成了鲜明对比。

（二）股份合作模式——以福保街道案例为典型代表

为预防合资公司与上级区政府、街道办可能出现对接的问题，福保街道在公共资产（源）、公共服务秩序、公共事务服务和公共秩序事务方面制定了详尽的服务谱系，明确了应急办、执法队等政府部门与供应商和居民之间应对公共服务供给所需的权责事务，与横琴新区案例偏向较单纯的服务供给与接受关系差别较大。

在公共资源的运营管理上，福保街道发挥合资公司具有国有企业背景的优势，在传统的停车场运维、小区物业服务、垃圾分类转运处理等基础上增加了党群服务中心的运营服务，且每项都明确了政、企、社三方的参与主体和相应权力。在公共秩序的维护服务上，福保街道的治理重心放在交通综合整治方面，主要由应急办和合资公司供应商协同作业，由街道办的应急部门制定相应具有法律效应的规章制度、企业方面提供设施的设置和维护管养以及相应的培训业务。在公共服务的管养运维上，合资公司供应商参与的价值体现在对现有的垃圾分类、单车管理、四害消杀等事务上，协助本存在管理权限不明晰、义务趋向于无限的街道办执法队处理既有的纠纷和问题，逐渐形成市政治理的良性循环。在公共事务的辅助勤务上，福保街道基层治理的重点落在了小散工程安全管理、创文巡查和公共信息收集分析调度等方面；合资公司供应商参与的价值则体现在协助构建管理相关事宜的智慧平台上，并且通过对智慧平台的产品化输出与运营维护巩固街道办有关部门的执法权、监督权，增进政企合作的效率。

有了服务谱系对相应权责事项的明晰，便体现出福保街道案例中对合资公司供应商的明确要求，总结为三点：明确引入标准和退出机制，明确工作内容、标准与责任义务，明确街道内外部分工与职责。在法律部法规、标准体系文件（规范）和评价考核机制的引导下，企业方的合资公司供应商将有序、有效地协助福保街道办处理权责不明、政社政企纠纷难以解决等既有问题。

（三）顾问模式——以 Y 街道案例为典型代表

城市运营服务商参与的领域仅有公共资源运营管理方面和公共服务管养运维方面，具体体现为在街道办有关部门的监督之下对环卫清洁和停车管理等方面制定考评标准、运用自身管理经验参与综合考评以及针对既有的村集体股份物业服务公司进行相应业务的培训等。在这种相对初阶的政企合作中，市场主体在当地既有的治理格局中拓展业务显得十分困难，与其说这是一类成熟的合作模式，不如说是城市运营服务商提前介入的一种市场动作。

总的来说，三种基本合作模式并不是相互独立而固定的，可以在城市治理服务领域的创新发展下依据街道治理格局的变化而相互转化、融合，而相应的实践运营框架与权责事项实践更会体现出千变万化、错综复杂的特点。城市运营服务商需要准确地把握街道办和上级区政府对街道社区进行治理时的实际需求变化，在相应的时机选择合适的合作模式，通过扩大服务范围、满足更高更全的居民需求来扩张自己的盈利面，争取未来发展的上升空间。

三 "全域智能运营"未来发展方向

以上实践模式皆是基于当下社会环境和政策背景提出"全域智能运营"的可能发展方向，对正在探索和尝试实行城市治理改革的地区具有可借鉴性。不断变化的社会需求和模式的可持续发展要求"全域智能运营"考虑长远期拓展的方向，动态地调整侧重点。在未来"全域智能运营"逐渐被广泛推行后，先发企业将面临央企或同业者更多的市场竞争压力，前瞻性地预测未来可拓展的业务领域是应对不确定性的主动措施。城市运营服务商的性质决定了"全域智能运营"在运行中核心关注多元主体间的契约关系；在业务领域中明晰其边界模糊的部分，积极拓宽高品质服务的供给面；同时，"全域智能运营"的可持续运行也依赖于机制内部的资金链的完整循环，为"全域智能运营"未来的盈利模式奠基也是开展的必要内容。

（一）创新多元主体间的契约关系

"全域智能运营"的组织体系包含着多元主体，如何建立起基层政府与企业、企业与企业之间的信任感是创新主体间合作关系的突破点，即建立起正向的契约关系。

良好的契约关系会促进基层政府和城市运营服务企业在具体事项的实施过程中开展业务的主动性，也更容易建立起稳定的合作关系。例如与央企或国企合作，建立具备长期发展稳定性的合资公司等，这类公司多数本身具备雄厚的商业实力和成熟的业务能力，正向的契约关系也会约束其维持良好的商业信誉和强烈的社会责任感，有反哺社会意识的企业更有利于建立信任感的合作关系。创新主体间契约关系也是"全域智能运营"运营对象公共性的要求，这将有助于推动各主体在具体工作中遇到的重难点、突破点以及服务空白领域的积极互通，有效提高"全域智能运营"的运转效率。

（二）明确"其他"事项的关键性和拓宽高品质服务的供给面

政府和市场在"全域智能运营"的实践过程中具有不同的权责划分，导致对业务事项的关注点有所不同。公共资源、公共秩序、公共服务、公共事务四大类往往也难以完全涵盖不同地区、街道面临的所有业务，存在边界模糊、交叉或者具有在地性的特殊业务，需要有针对这类未被纳入业务范围或者不明确的"其他"事项的应对机制。及时明确在"其他"事项这部分业务中政府和城市运营服务企业参与的空间，动态更新相关管理服务的清单，完善城市管理服务的工作库，优化边界模糊事项的处理方式。同时，拓宽公共服务的供给面，关注管理服务中具有增值范围的服务，发展在生活圈范围内的高品质服务类业务。

（三）为未来转向盈利模式奠定基础

以服务人民为出发点提出"全域智能运营"模式，本质是对人民追求高品质生活在城市治理层面的积极响应。完整的城市治理链条是一个需要不断优化的闭环，其成长逻辑从运营初期的投入、实施路径的选择，到研究模式的探索，最终目的是需要让居民感受到"全域智能运营"真实的意义所在，完成"全域智能运营"市场化中重要的一步，即居民愿意为"全域智能运营"提供的服务支付一定的费用，使得"全域智能运营"能可持续地进行下去，达到一个互利共赢的局面。因此，在"全域智能运营"推进过程中，应该主动寻找未来可盈利的商业模式，并采取一定措施促进盈利模式的开展，例如展示城市治理的阶段性成果，充分地让居民感知城市运营服务商在管理服务上的优势以及该治理模式的可行性。

第七节　结论与展望

街道层面的基层治理存在现实问题，基本表现为基层治理能力水平有待提高、权责边界不清、行政单元责大权小、应变能力不足等。目前街道层面城市治理的主要矛盾集中在如下几方面：固化的治理体系应对不断变化的形势，转型中的政府服务能力应对人民日益增长的美好生活需求，行政单元内的治理纵向传导应对有关部门间的治理横向执行，以及基层行政单元的无限治理责任应对所拥有的有限治理资源。

首先，街道办事处现状的事务管理范围极其宽泛且条理不清。虽然上级区政府将街道办作为街道层面实施城市治理的渠道与主体，但是两级政府之间的权责边界尚不清晰。作为基层治理的最小单元，街道办事处面临的工作压力过大，很难做到高效统合政府内部资源，导致效率低下，治理体系固化方面的矛盾体现于此。

其次，深圳市各政府部门行政管理的最小单元仅设置到区级，不同部门的治理工作在向下落实过程中出现了"上面千条线，下面一根针"的现象，在街道层面尤为突出。管理过程中许多具体的事项具有综合性，需要多个不同行政管理层面协同处理。然而，街道办事处的各部门之间，以及与其他层面的政府部门间权责划分并不明晰，并且存在人员配置不足、不同部门间管理标准不同等现状问题，各类事项较难统一处理、进度推进缓慢，治理纵横传导和责任资源匹配方面的矛盾体现于此。

最后，政企合作模式很大程度上已经走向某个极端，体现为市场准入机制并未有效建立起来，而提供服务的企业已形成一定程度的垄断规模。在提供服务过程中，部分企业通过压缩成本、扩大规模、扩展多头业务等手段寻求利益最大化，导致服务质量不能满足各街道现有需要、居民满意度与街道社区自治能力大大降低，形成恶性循环，服务能力和生活需求匹配方面的矛盾体现于此。

"物业城市"和"全域智能运营"是加强基层治理能力、提高城市治理水平的有效手段。

"全域智能运营"作为以"整合、智能、共建"为核心的城市服务创新模式，其思想范式起源于万物云的横琴"物业城市"、针对街道基层治理具有较大发挥空间，可逐渐迭代并向全国布局。街道作为派出机构，实则非常适合承担"全域智能运营"治理的落实。街道需充分理解自身发展困境与优势，建立以街道办事处为领导核心、紧密联系居民群体与城市公共服务供应商等各方资源的新基层治理框架体系，向建设"全域智能运营"迈进。在符合相应法律法规的基础上，通过多方协商来建立适于不同街道的多元化管理准则与规章制度。其最终目的是应对解决街道层面城市治理过程中出现的矛盾，以"全域智能运营"的构建逻辑来打造多元主体协同的治理模式，实现增强基层治理韧性、提供优质生活服务、实现治理纵横转换和提高基层治理效率的目标。

"全域智能运营"要求构建多元主体协同、权责分明的框架体系。

通过"专业服务+智慧平台+行政力量"相融合的方式，以专业化的服务总包、模块化的服务划分、社会化的治理结构、精细化的治理手段，整合政府、市场、社会等参与主体的相应职能，对城市公共秩序与公共资源、公共事务和公共服务进行全流程"管理+服务"的协同治理。而健全灵活的框架体系则应当是政府主导、市场运营、公众参与的多元主体协同平台的核心。

首先需要确定"全域智能运营"构建与实施的基本保障、构建各类框架体系和平台，包括"全域智能运营"全实施过程相关的法律法规体系、为其整体流程构建提供指导的顶层设计组织体系、对实施主体过程成效等进行综合考评的监督评价体系、提供技术支撑的智慧运营平台等。其次明确"全域智能运营"实施的核心部分，即刚性弹性相结合的权责边界与聚焦公共事项的服务体系重构,实现各层面政府部门与企业在城市公共管理的有效衔接和城市公共服务的有效供给。最后需要结合现有城市基层协同治理的典型案例,剖析各基本合作模式、实践运行框架,对了解城市基层治理现状和实践提供经验参考。各参与主体需要通过不断实践,凸显"全域智能运营"的科学化和系统化特点,为实现社会全域治理、创新基层治理机制贡献新的意义与内涵。

"全域智能运营"需要在统一的运行框架下因地制宜地实施,依据不同的现实情况选择不同的实践模式。

首先,需要政府基层以贯彻治理革新理念的坚定意志和完善的配套法规政策为中心,在街道层面构建全域智能运营的统一运行框架。"全域智能运营"的主要任务是梳理街道办部门进行基层治理的痛点、弱项和短板,并总结描述街道社区居民生活需求的提升前景,在统一的运行框架之下探讨企业应当如何根据自身核心竞争优势、按照不同服务领域构建因地制宜的服务运营模式。

其次,在进行政企合作以及各企业间合作时,需切实精准地了解政府主体的治理诉求并转化为项目的特色优势。例如与具有政府企业背景的公司进行合作、成立具备长期发展稳定性的合资公司。实践中应在"全域智能运营"体系下,根据不同地区的发展历史与现状、存在问题与诉求、涉及的主体与权责、物业企业的优势与资源,选择合适的实践模式进行落地。

最后,应当结合理顺创新多元主体间的契约关系、明晰既有城市运营服务中"其他"事项的复杂性与关键性等手段,安排"全域智能运营"的实施阶段。在统筹立项阶段,街道办应当联合城市管理部门进行自上而下的顶层设计,确保相关工作的开展;在启动管理阶段,街道办应当通过搭建物业城市企业平台来引入各参与主体的力量,构建治理新格局;在精细化管理阶段,多元主体内部应当做到合理整合资源、智慧调配,构建治理协同生态;在全域智能运营阶段,多元主体内外应做到动态评估、监管透明,借助城市智慧运营平台实现"全域智能运营"的健康发展与有效革新。

　　在这个过程中，企业方面需要明确未来的可盈利途径，并迎接挑战、把握机遇、与各参与主体精诚合作，在"全域智能运营"的运行框架内最终达成互利共赢的局面。

第三章　新型政社关系与社区服务 供需精准化匹配研究[*]

第一节　社区治理的内涵及困境

一　社区治理的内涵

"社区"这一概念最早出现在德国社会学家的著作《共同体与社会》中，滕尼斯将社区定义为在家庭、宗族等关系的基础上建立起的人群组合，是靠人的本质意志即意向、习惯、回忆结合起来的有机整体。[1] 2000 年我国出台的《民政部关于在全国推进城市社区建设的意见》将社区定义为聚居在一定地域范围内的人们所组成的社会生活共同体。此后，社区及社区建设的概念在国家基层治理中被广泛讨论。"促进城乡社区治理体系和治理能力现代化，全面提升城乡社区治理法治化、科学化、精细化水平和组织化程度"也成为国家治理的重要目标。[2]

根据结构功能主义理论，社会是由若干个子系统组成的，基层社会也就是社区可以看作是社会的子系统。国家—社区理论认为社

　　* 本章节由哈尔滨工业大学经管学院刘鲁宁教授团队撰写，成员包括：刘鲁宁、商少帅、张军波。

　　① 斐迪南·滕尼斯：《共同体与社会》，林荣远译，商务印书馆 1999 年版。
　　② 国务院：《关于加强和完善城乡社区治理的意见》（中发［2017］13 号），2017 年 6 月 12 日。

会权力与国家权力是相互独立并相互制约的，良好的社会自治能力是国家与社会关系相互协调的基础，提高社会自治能力其关键在于实现基层社会自治。^① 因此，社区治理是社会治理的重要基础，创新社会治理体制重中之重在城乡社区。社区治理的主体是政府、社会与居民，治理核心在于维护社区秩序，改善社区环境，完善社区服务体系。^② 要实现社区治理现代化就要从"政社权责分明，各组织协调稳定；多元主体共治，公民积极参与"的方向进行改革。^③ 与国家的宏观调控不同，基层社区具备收集居民意见、行为与需求信息的能力^④，这些信息复杂多样，却有助于快速发现并解决问题。如何收集并有效地处理信息，为社区治理的模式选择提供有力支撑，一直是一个亟待解决的问题。

二　社区治理的模式转变

改革开放初期，政府通过管理单位或组织从而达到维护社会稳定的目的，随着社会的不断进步，"熟人社会"逐渐瓦解，社区之间公民的独立性增强，社区的自组织性下降，难以管理，急需对社区治理结构进行改革。^⑤ 根据网络治理理论，构建网络化自组织治理结构，纵向减少层级、增加横向层级间的连接性，可以促进层级间以及层级内的沟通，减少信息损失与"独裁"，实现公共利益的目标。^⑥ 因此为达到社区治理现代化的目的，新型的社区治理结构改革在兼顾个体需求与集体利益的基础上通过再组织化的手段，将

---

① 刘阳：《"社会整合—系统整合/国家—社会"社区治理框架初探》，《社会治理》2018 年第 12 期。

② 唐若兰：《社区治理创新与基层社会治理模式的重构》，《探索》2015 年第 6 期。

③ 龚维斌：《改革开放 40 年中国社区治理的回顾与反思》，《社会治理》2018 年第 8 期。

④ 夏建中：《治理理论的特点与社区治理研究》，《黑龙江社会科学》2010 年第 2 期。

⑤ 陈鹏：《中国社会治理 40 年：回顾与前瞻》，《北京师范大学学报（社会科学版）》2018 年第 6 期。

⑥ 张邦辉、吴健、李恬漩：《再组织化与社区治理能力现代化——以成都新鸿社区的实践为例》，《中国行政管理》2019 年第 12 期。

各个治理主体有机地结合起来，同时明晰各主体的责任，进行资源的有效分配，形成新型的网络化社区治理新局面。[①]

社区治理现代化要求"形成基层党组织领导、基层政府主导的多方参与、共同治理的城乡社区治理体系"，即从行政体制下的包办型社区管理变为政府引领下的服务型社区治理。要构建"政府主导多方参与"的社区治理体系，首先就要理顺各主体之间的权力关系，其中最主要的是理顺"政社关系"[②]，这有助于加强政社互动解决社区自治中的失衡问题，实现社会资本的有效分配。[③]

实现"多主体协作共治，公民积极参与"的目标，要求各治理主体之间协调共治，提高公民参与积极性与参与能力。多中心治理理论认为各治理主体之间的协调性将影响治理目标的实现，构建多中心治理体系，理清基层治理部门权责边界，明晰基层自组织在社区治理中的职责将有助于实现治理主体的共同利益目标。[④] 在社区治理中社会组织以及基层自组织作为联结公民、社区、政府的纽带，一方面可以掌握公民需求，提供社区服务，扩大公民参与程度，另一方面可以响应政府社区号召，有助于社区"去行政化"。[⑤]通过对社会组织、社区以及居民工作事项与职能关系的界定，充分调动社区工作者、社会组织以及社区居民的力量，提高治理主体之

① 胡重明：《再组织化与中国社会管理创新——以浙江舟山"网格化管理、组团式服务"为例》，《公共管理学报》2013 年第 10 期。

② 李静：《城市社区网络治理结构的构建——结构功能主义的视角》，《东北大学学报（社会科学版）》2016 年第 18 期。

③ Rethemeyer, R. K. and Hatmaker, D. M, Network management reconsidered: An inquiry into management of network structures in public sector service provision, *Journal of Public Administration Research and Theory*, No. 4, 2018, p. 617–646.

④ 刘波、方奕华、彭瑾：《"多元共治"社区治理中的网络结构、关系质量与治理效果——以深圳市龙岗区为例》，《管理评论》2019 年第 31 期。

⑤ Wang, W, Exploring the determinants of network effectiveness: The case of neighborhood governance networks in Beijing, *Journal of Public Administration Research and Theory*, Vol. 2, No. 26, 2016, p. 375–373.

间协作性。①②

随着信息技术的发展，以信息化为核心的技术治理逐渐成为社区治理的主要发展趋势，政府或社区利用信息技术搭建平台，方便信息传递与公民参与，优化公共服务；或是将信息技术应用到组织管理中，提高工作效率。③④

信息技术带来了数据量的剧增与数据处理方式的不断发展，将大数据引入社区治理引起了各界的广泛关注，信息化下的"数字社区"逐步转变为大数据支撑的"智慧社区"。智慧社区的引入一方面使政府更全面、精准地了解公民需求，另一方面使公民更加便捷地获得公共服务与行政服务。⑤ 大数据改变了以往社区治理的组织形式与行动者参与的方式，改变了社区居民被管理者与被服务者的身份，让社区拥有更多的自主选择权，使基层政府在发现问题、解决问题的能力上有了很大的突破。⑥

三　目前社区治理面临的困境

（一）基层社区信息化建设进程中的阻碍

公共服务部门间存在数据壁垒。 各地政府为方便基层百姓与政府间的沟通，设立基层社区治理中心，整合不同机构和单位的网上办事职能，打造社区政务办事大厅，把服务延伸到基层，问题解决在基层，实现"让群众少跑腿，让数据多跑路"。但是在实际操作

---

①　曹海军、薛喆：《"三社联动"机制下政府向社会力量购买服务的三个阶段分析》，《中国行政管理》2018 年第 8 期。

②　李文静、时立荣：《"社会自主联动"："三社联动"社区治理机制的完善路径》，《探索》2016 年第 3 期。

③　曾维和：《共建共享社会治理格局：理论创新、体系构筑、实践推进》，《理论探索》2016 年第 3 期。

④　Fishenden, J., and Thompson, M. Digital government, open architecture, and innovation: why public sector IT will never be the same again, *Journal of Public Administration Research and Theory*, Vol. 4, No. 23, 2013, p. 977-1004.

⑤　Kowalski, R., ed,. Improving Public Services by Mining Citizen Feedback: An Application of Natural Language Processing, *Public Administration*, NO.1, 2020.

⑥　Pencheva, I., ed,. Big Data and AI-A transformational shift for government: So, what next for research?, *Public Policy and Administration*, Vol. 1, No. 35, 2020, p. 24-44.

中，各部门协同配合、上级统筹指导等体制机制问题直接影响基层社区治理的效率。"大数据"社区治理涉及的公安、民政等部门呈现出"各扫门前雪"的现象，各自建设自己的大数据治理平台，拥有自己的指标体系和数据库软件，各自的内部资源基本可以共享，但跨部门、跨区域资源共享比较困难，就会存在"信息孤岛"现象，导致社区政务办事大厅不能整合不同机构和单位的资源，无法使居民享受一站式服务。

对于基层社区，常有"上面千条线，下面一根针"的说法，上面的千条线，都得靠社区基层干部这一根针来进行组织和传达。基层社区工作人员在处理业务时，需要登录不同部门建设的平台，且各平台间的数据不能互通，极大地降低了基层社区工作人员的工作效率。

基础设施建设没有统一标准。各社区间的基础设施建设由不同的公司来承建，不同社区基础设施硬件、平台、运营模式以及数据没有一个统一的标准。以小区人脸识别门禁系统为例，各建设公司负责建设的小区人脸识别门禁系统分别是各自的平台，数据存储在各公司自己的服务器上，造成数据统一管理的难度大。此外，信息高速发展的同时也带来了信息安全问题，社区信息化服务平台包含了社区居民的各类信息，一旦发生信息安全问题，后果十分严重。

人才培养环节薄弱。在基层社区信息化建设过程中，需要大量的精通计算机应用技术的中高级人才。但在调查走访中发现，社区工作人员的信息化知识水平并不能完全承担其工作任务。首先，社区自身工作人员年龄在三四十岁者居多，他们未接受过专业的计算机基础技能培训，缺乏一定的计算机基础知识和新的计算机办公设备。其次，社区所属的基层政府部门缺乏精通计算技术的高级人才。最后，基层社区用户的信息化知识也未达到社区信息化普及的要求。因此，在社区信息化建设过程中，对于计算机技术主要依赖于第三方平台的工作人员，但是由于大部分第三方平台的工作人员并不了解社区服务，从而导致技术与服务的步调无法统一。

（二）基层社区服务体系精准化构建的难题

2019 年党的十九届四中全会为城乡社区治理提出新要求，全会《决定》提出"推动社会治理和服务重心向基层下移，把更多资源下沉到基层，更好提供精准化、精细化服务"。[①] 可见，城乡社区治理要向着"精准化"这一目标发展。目前，社区服务体系精准化构建面临三大难题，分别针对社区服务体系中的三类服务，它们是公共服务不均衡和同质化、便民利民服务需求信息不对称、志愿服务缺乏有效引导。

第一，社区公共服务不均衡和同质化的问题本质是公共服务在供给过程中均等化和个性化不足。[②③] 基层政府提供的公共服务往往忽略不同社区或群体间的需求差异，服务个性化程度不足同时也会降低公众对于均等化的获得感。[④] 在服务内容与公众真实需求的匹配上还存在差距，存在缺位、错位的情况。[⑤]

第二，由市场提供的社区便民利民服务，在精准化方面主要存在需求信息不对称的难题。[⑥] 市场对社区居民的商业需求掌握不全面，对服务缺口、服务偏好缺少了解渠道，导致便民利民服务供给重复、不充分和不精准的现象频频出现。[⑦]

第三，当前社区志愿服务由于公民志愿参与度低、志愿者管理

---

① 中国共产党第十九届中央委员会，中共中央关于坚持和完善中国特色社会主义制度推进国家治理体系和治理能力现代化若干重大问题的决定，新华社，2019 年。

② 郁建兴：《中国的公共服务体系：发展历程、社会政策与体制机制》，《学术月刊》2011 年第 3 期。

③ 郭小聪、代凯：《国内近五年基本公共服务均等化研究：综述与评估》，《中国人民大学学报》2013 年第 1 期。

④ 刘银喜、赵子昕、赵淼：《标准化、均等化、精细化：公共服务整体性模式及运行机理》，《中国行政管理》2019 年第 8 期。

⑤ 缪小林、张蓉、于洋航：《基本公共服务均等化治理：从"缩小地区间财力差距"到"提升人民群众获得感"》，《中国行政管理》2020 年第 2 期。

⑥ 朱颂梅：《中国城市社区商业的发展趋势及对社会的整合作用》，《商业时代》2013 年第 29 期。

⑦ 沈萌萌：《社区商业的理论与模式》，《城市问题》2003 年第 2 期。

机制不完善、行政色彩浓重，导致整体发展较为缓慢。[1][2] 尤其是无法有效发掘社区中的潜在志愿者，缺乏对社区志愿服务的有效引导。[3]

第二节 "全域智能运营"是社区治理的有效手段

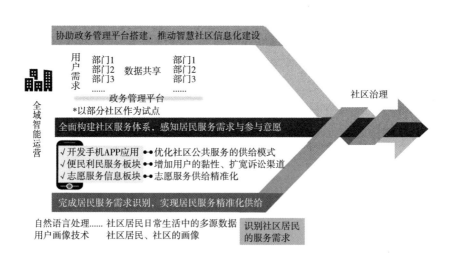

图 3-1 社区治理手段

一 协助政务管理平台搭建，推动智慧社区信息化建设

在大数据时代，地方政府自身是各类组织中最大的数据源和信息源，在治理过程中每时每刻都在源源不断地产生信息。因此，需

---

① 党秀云：《论志愿服务可持续发展的价值与基础》，《中国行政管理》2019 年第
11 期。

② 罗峰：《社区志愿活动与和谐社会的构建》，《中国行政管理》2006 年第 1 期。

③ 魏娜：《我国志愿服务发展：成就、问题与展望》，《中国行政管理》2013 年第 7
期。

要一个特定的部门或组织，主动牵头打破信息孤岛限制，进一步提升社区的智能化水平，打好社区信息基础和技术水平，贯彻实施"大数据"社区行动计划，加快人工智能与社区治理服务的深度融合，搭建信息互联和数据共享平台。

城市运营服务商可以扮演其中的一个重要角色，在政府的领导下，搭建以居民需求为导向的跨部门、跨区域的综合性数字系统，下沉到社区可以跨层级、跨部门、跨区域信息数据对接。在这一进程中，城市运营服务商协调各部门进行资源上的整合，打通部门间的数据壁垒，与其他职能部门通力合作，选取居民常用的政务事项，针对每一个事项，各部门以事项标准化为切入点，统一主项名称、子项名称、适用依据、申请材料、办事流程、业务经办流程、办理时限和表单内容等，并将办事材料分门别类整理为数据目录，区分出可以由其他部门提供共享的数据、本部门产生的数据，以及必须由办事者提交的数据等。各部门围绕"数据"的一系列工作，致力于通过政府内部的数据共享，最大程度地减少居民办事时所需提供的证明材料；通过部门间的系统对接，最大限度地简化居民在部门间兜兜转转的办事流程，降低他们的办事成本。依托互联网技术，建立统一政务管理平台，通过后台调动各部门间数据、对接各部门系统，对事项进行直接办理。在每一个社区治理中心设置一个政务管理平台终端，让社区居民在自身社区内解决大部分难题。

此外，城市运营服务商可以以部分社区作为试点，统一各项基础设施建设，推动智慧社区信息化建设，最后根据试点结果普及到其他社区。智慧社区的建设有利于社区内各种资源的整合与协调，有利于促进社区的整体建设，提高社区的自治性和服务能力，使政府的公共服务均衡发展，更有利于提高社区居民生活的便利和舒适程度。旨在实现一种智慧社区建设和管理的创新模式，以社区居民的实际需求为导向，以新一代信息技术为手段，整合社区现有的各种服务资源，达到提高人们日常生活质量，减轻社区管理员工作量的目的，保障社区安全运行，共同开创新时代的新家园。

基于社区发展的现状，提出智慧社区建设的基本要求如下。

（1）以人为本。智慧社区通过新一代技术来改善居民生活的方方面面，尽力满足不同居民的多样化需求，以提升居民的生活体验为智慧社区建设的核心，以人为本是智慧社区建设的核心要求。

（2）人与物的感知与互联。智慧社区通过物联网将社区中的设备和居民联结起来，并使用移动互联网和智能信息终端通过云计算进行分析，实现人与物之间的互联。

（3）"智慧"与"智能"的协同作用。"智能"是指技术层面的自动化和智能化；"智慧"是指应用层面的创新和创造力。新型社区拥有多种智能系统和终端设备，它不仅是智能社区，更是智慧社区，它可以为社区居民提供高效、主动、准确的服务，优化生活方式。

（4）可持续发展。由于智慧社区的信息技术在不断发展，社区服务对象的需求在不断变化，高层机构对社区的管理要求在不断提高。为了适应技术的发展和管理的变化，智慧社区必须持续自我优化，自我扩展并实现可持续发展。

基于以上四点要求，建设智慧社区就是实现基础设施层，实现通用服务层，以及实现统一的数据管理中心。借助互联网与云计算技术将分布式服务器联结起来进行资源整合，通过云存储形成集计算速度与安全于一体的资源池。

最后，通过城市运营服务商推动智慧社区的建设，可以解决社区基层工作人员人才薄弱的情况。通过设置合理的晋升空间与良好的工作待遇，引进培养优秀数据治理人才以及知识结构多元化的复合型数据治理人才。最终培养出一支服从领导、认真履责、主动出击、能有效发挥作用的专职队伍，结合信息化手段，推动基层工作的落实。

二　全面构建社区服务体系，感知居民服务需求与参与意愿

《城乡社区服务体系建设规划（2016-2020年）》中指出，城乡社区服务体系包括基本公共服务、便民利民服务、志愿服务三类，供给主体分别是政府及社会组织、市场和志愿者群体，整体呈多元主体共同供给的服务模式（如图3-2）。基于大数据应用技术，加快构建公共服务、便民利民服务、志愿服务三类服务组成的社区服务体系，提升基层社区治理水平，推进思路如下。

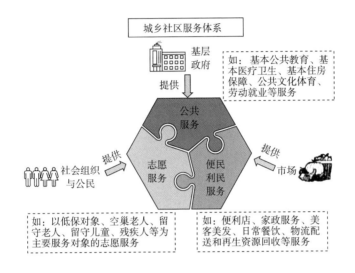

图 3-2　城乡社区服务体系

首先，城市运营服务商可以依托大数据平台，开发手机 APP 应用，完善公共服务体系。公共服务作为传统的服务类型，在传统的基层社区治理过程中已经相当地成熟，随着社会经济的逐渐发展，人们的生活水平也在不断发生改变，社区居民对于公共服务的需求也在日益加大。在日常建设过程中，应当逐步完善基层治理的相关事项，努力从社区居民的日常需求入手，切实有效地发展创新型的服务建设模式，努力产生具有针对性的实际作用。依托大数据平台，通过开发手机 APP 应用，吸引社区居民主动通过移动平台渠道进行需求信息的交互，从而建立互动化的信息沟通渠道，让管理人员与社区居民可以达到相互联系的发展目标。这样，社区居民就可以足不出户在网络平台中发表自己的意见和想法，从而能够不断优化社区公共服务的供给模式，努力引导公众在社区服务管理中发挥实际作用，通过较为完善的管理机制，切实为社区服务管理模式的发展提供重要保障。

其次，在移动平台上增加便民利民服务的板块，这样不仅能够通过平台让市场了解到基层社区居民的便民利民服务需求状况，同时又能让社区居民更准确地获得周边生活环境的便民利民服务状态，进而实现对社区便民利民服务供需匹配的精准化。除此之外，通过在移动平台内引入便民利民服务板块能够作为吸引社区居民使用该平台的亮点，增加居民和平台之间用户的黏性，提高社区居民对移动平台的依赖性，也有助于拓展在公共服务方面的诉求渠道。

最后，在移动平台上增加志愿服务信息的板块，社区指定专人将志愿者信息登记在平台上，志愿者也可以自己在平台申请，再由专人审核，在平台建立志愿者信息库，方便查询。志愿者和志愿组织所提供的志愿服务在平台记录，包括时间、项目和用户反馈，便于社区监察志愿服务供给情况，也为志愿服务供给主体提供记录依据。社区根据平台收集居民对志愿服务需求，在平台招募更多专业化的人才加入到志愿服务行列，满足居民多样化需求。社区还可以根据志愿服务供给情况进行数据分析，有效预测社区志愿服务需求趋势，提前做好供给准备或者提前为居民服务，提高社区志愿服务精准化和高效化供给，提升社区居民满意度和幸福感。通过"大数据"技术分析，在最短的时间内将社区志愿服务的方案、志愿者和服务对象相对应，更快捷地将社区志愿服务资源与需求进行一一匹配，让最适合的志愿者被安排在最合适的志愿服务活动中，从而实现社区志愿服务供给精准化。与此同时，社区居民提供的志愿服务活动都会被记录在系统中，通过推广社区志愿服务"时间银行"和社区志愿服务"积分兑换"形式，让社区居民在精神和物质上都得到激励，能够极大限度地激发社区居民的参与意识。

三　完成居民服务需求识别，实现居民服务精准化供给

在社区治理过程中，如何为社区居民提供精准的服务是现今社区治理面临的重要问题。要解决这一关键问题，首先需要完成对居民服务需求的识别。通过自然语言处理等技术手段，获取社区居民日常生活中的多源数据，基于用户画像技术，完成对社区居民以及社区的画像绘制，进而识别社区居民的服务需求。

用户画像技术一般包括目标分析、标签体系构建和画像三个过程。其中，核心工作是给用户打标签，标签通常是人为规定的高度精练的特征标识，如年龄、性别、地域、兴趣等。由这些标签集合能抽象出一个用户的信息全貌，每个标签分别描述了该用户的一个维度，各个维度相互联系，共同构成对用户的一个整体描述。

图3-3展示了基于大数据进行用户画像的过程，主要包括四个步骤。一是多源数据获取，通过收集各个平台系统的数据，在数据挖掘前使用数据清洗、数据集成、数据变换、数据归约等技术对数据进行处理，能够有效降低后续挖掘所消耗的时间，并能够得到更加优质的挖掘结果；二是模式层构建，根据构建好的标签体系，完成模式层的构建，包括术语与概念抽取、关系定义和抽取；三是数据层构建，数据层构建将分为抽取和融合两个阶段，包括实体抽取、关系抽取、实体链接等环节，其中涉及的技术有自然语言处理技术、机器学习和深度学习等；四是画像绘制，基于构建好的标签完成居民画像和社区画像的绘制。

基于居民画像和社区画像的构建，能够帮助社区更好地对居民个人行为模式进行分析，推导出以社区为单位的居民群体的不同构成要素与公共服务需求之间的映射关系，进而归纳需要解决的共性问题和对应的公共服务需求，以便对公共服务进行更加合理的分配。然后在对社区公共服务需求的精准识别后，对基层社区的公共服务需求和供给通过模型算法进行供需匹配，然后根据匹配结果进行向各个社区提供精准化公共服务。通过公共服务和社区之间的匹配，能够让公共服务供给和居民的需求信息有效地结合起来，让公

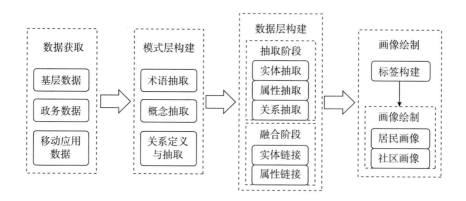

图 3-3　基于大数据进行用户画像的过程

共服务供给由传统单一的供给模式转变为个性化的精准供给模式。

　　基于居民画像和社区画像的构建，能够帮助社区更好地对社区周围所需的便民利民服务进行分析，推断社区中不同消费能力和生活品质人群需要市场所提供的便民利民服务。在通过社区画像获取到的社区便民利民服务需求基础上，通过供需匹配算法把不同社区公众的需求情况和其社区周边实际服务情况进行比对，得到社区各类便民利民服务的需求和目前已有供给的匹配程度，并且把匹配程度通过数据开放平台开放给市场，让企业能够有效地找到便民利民服务需求缺口，使信息对称，让便民利民服务需求数据开放达到最大利用价值，市场获得更多利益的同时，居民也得到了更高效的服务。

　　对居民的志愿服务参与意愿进行识别，帮助社区更好地对居民志愿服务参与意愿进行分析，明确参与志愿服务的居民个体的共性。通过对社区志愿服务供给和需求情况的掌握，根据社区志愿服务供需耦合协调度模型来得到社区志愿服务的供需耦合协调度，通过社区志愿服务的供需耦合协调度来判断社区志愿服务需求和居民参与提供志愿服务供给的匹配程度是否协调，从而进一步发现在社区治理过程中志愿服务供给存在的问题，实现有针对性地引导居民自治以及社会组织的发展，最终实现社区志愿服务需求与供给动态协调发展，达到社区层面的志愿服务自给自足。

在基层社区治理的过程中，最终要实现公共服务与便民利民服务精准化提供，提升社区居民志愿服务参与意愿，就需要在大数据的基础上进行精确的识别与供给，让政府提供的公共服务、市场提供的便民利民服务以及社区居民提供的志愿服务实现有效的精准化供需匹配。具体操作可采用供需匹配决策模型来进行，具体操作如图 3-4 所示。

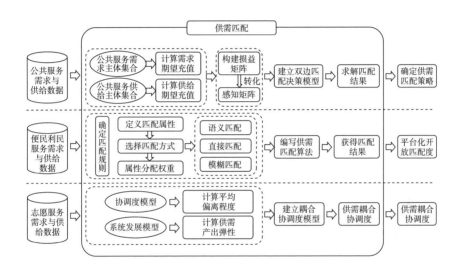

图 3-4　供需匹配决策模型

第三节　基于大数据画像技术的社区治理模式探索

一　社区服务体系精准化构建的方法论

在社区维度，市场化企业以城市运营服务商的角色通过公私合作机制进入社区服务中，一个核心要点就是需要梳理并明确社区居民服务需求矩阵,这是为社区居民提供精准服务的必要前提。为实现这一目的,本研究依托市场化企业多年的运营经验以及所积累的基础数据,运用大数据等技术手段,挖掘居民个体和群体的服务需求,探索如何准确识别社区居民需求,进而提供精准的服务,形成图 3-5 所示方法论。

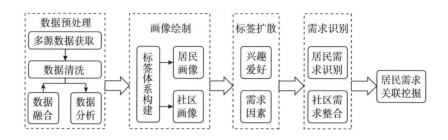

图 3-5   方法论示意

首先,基于基础数据构建居民与社区画像。对多源数据进行梳理、清洗与融合,分析各项数据含义以及调研居民需求,筛选出与居民画像相关的居民属性特征,从居民和社区两个层次构建标签体系。基于所构建的标签体系,通过规则匹配、数学统计、数据挖掘三种实现方式,将居民数据转化成对应的居民标签与社区标签,初步绘制居民画像与社区画像。

其次,基于标签扩散补全居民与社区画像。基于现有居民基础属性标签、行为属性标签,以拥有兴趣爱好、需求因素标签的居民为样本,训练标签扩散模型,将有标签用户的标签传给与他相似的用户,对居民群体进行标签扩散,进一步补全居民画像与社区画像。

再次,基于居民画像精准识别社区居民需求。通过居民画像,利用随机森林、支持向量机、决策树等有监督机器学习算法训练模型并对每个社区居民的需求进行精准识别,获知整个社区的需求状态,实现需求与供给间的动态协调发展。

最后，基于关联规则挖掘社区需求间的特殊关系。基于 Apriori、PCY、XFP-Tree 等关联规则算法，训练需求关联模型，对居民的社区需求进行关联挖掘，识别出有较强关联性的特殊需求组合，帮助城市运营服务商探索社区居民需求间有实践价值的特殊组合，发现社区服务场景新奇的传播点。

二　社区服务需求层次理论分析

社区既是政府公共服务的最直接面向居民的层级所在，又是日常生活的场所，任何居民都有不同层次的需求，而不同人群也各有其偏好侧重的需要。以马斯洛需求层次理论为基础，居民的社区服务需求大体可区分出以下五个层次，如图 3-6 所示。

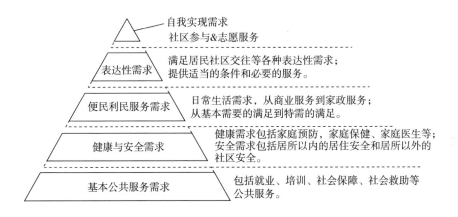

图 3-6　社区需求层次

第一层，最基本的公共服务需求。指居民依据法定权利而应从公共部门获得的服务，包括就业、培训、社会保障、社会救助等公共服务。这些服务目前主要是有一门式的社区事务受理中心以合署的方式提供。

第二层，基本的健康与安全需求。健康是人的基本福利，又是人的刚性需求。健康事业社区化，即不仅初级医疗和一般疾病治疗首先在社区完成，而且发展家庭预防、家庭保健、家庭医生和人人健康运动，也最宜在社区开展，并且是社区服务的生活基石。安全服务需求既包括居所以内的居住安全，例如生活起居不受伤害、避免偷盗与犯罪威胁等等；也包括居所以外的社区安全，例如不受交通事故、打架斗殴、高空坠物、电梯事故、自然灾害等等的威胁。

第三层，满足日常生活的便民利民服务需求。社区是居民日常生活的世界，日常生活最大量需要决定了社区服务的大量性、日常性和多样性。这也是涉及人群最大的服务，从商业服务到家政服务、从基本需要的满足到特需的满足。社区居住不同收入、不同职业、不同消费偏好的居民，针对不同人群的不同需要，发展出不同的服务项目，是发展社区服务的可持续之道。

第四层，丰富人生、提高生活品质的表达性需求。社区不仅是一个生活共同体，也是一个社会共同体、价值共同体和情感共同体，社区应该为居民丰富人生、完善人格、提高生活品质、满足社区交往等各种表达性需求提供适当的条件和必要的服务。在这个定义上，社区文化体育和其他交往性服务设施，属于社区服务的结构性要件，而与之相关的服务活动也属于社区服务的范畴。

第五层，自主参与的自我实现需求。并非所有的居民都有社区参与的热情，一般情况是，在满足了基本需求之后，他们的参与需求才能够体现出来，或者在基本需求受到威胁时才得以体现。在陌生人社会里，即使是在社区参与较频繁的地区，日常的社区参与率也仅仅只有三成，并且往往以老人、妇女和孩子为主。因此，在生活节奏和工作压力甚大的大都市，社区参与本身就面临困难。

在五层需求理论中，第一层和第二层对应公共服务需求，第三层和第四层对应便民利民服务需求，第五层对应志愿服务参与意愿。

三 面向社区服务需求识别的大数据画像技术方案

（一）基于基础数据构建居民与社区画像

基于多源数据，通过模式层构建、自然语言处理技术获得居民的多种个人属性数据，包括基本属性（如个人年龄、籍贯、性别、职业、收入等）、行为属性和兴趣爱好等，通过规则匹配、数学统计、数据挖掘三种实现方式将这些属性转化成居民标签。对于社区而言，它的标签可能涉及社区内人群分布、物业设备种类与状态、服务供给内容等方面的情况。最后，利用画像技术将这些标签绘制成居民画像与社区画像。

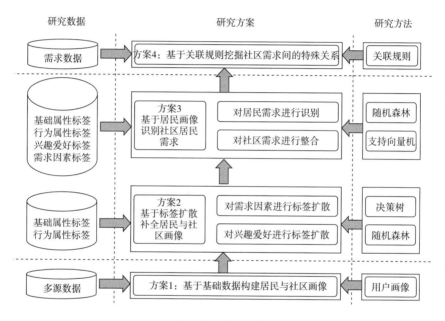

图 3-7 研究方案

构建标签体系是居民画像与社区画像的重要基础，具体来看，我们的标签体系如图 3-8 所示，其内容如下。

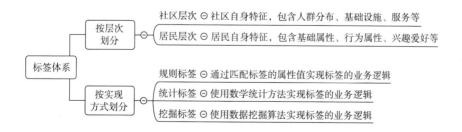

图 3-8 画像的标签体系

（1）按层次可以分为社区层次和居民层次。其中社区层次主要包含人群分布、社区内以及周边的基础设施与所提供的服务，居民层次主要是居民自身特征，包含居民年龄、籍贯、职业等基础属性以及行为属性和兴趣爱好等。

（2）按具体的实现方式分为规则标签、统计标签和挖掘标签。规则标签是通过匹配标签的属性值来构建标签，统计标签是使用数学统计方法来构建标签，挖掘标签通过数据挖掘算法来构建标签。

基于现有数据初步将标签体系划分为五级：一级标签为具体社区名称；二级标签为层次划分，分为社区层次和居民层次；三级标签为各层次下属的类别；四级、五级标签为基础标签，其中四级标签也称作业务标签，五级标签为业务标签对应的值（属性标签）。社区层次和居民层次的标签体系如下表所示。

社区层次：

二级标签	三级标签	合成四级标签（业务）	五级标签（属性）	模型类型
社区	特征分布	性别分布		统计
		年龄分布		统计
		籍贯分布		统计
		行业分布		统计
		职业分布		统计
		车辆数量统计		统计
		车辆品牌统计		统计
		家庭结构统计		统计
		成员特殊情况统计		统计
		子女教育统计		统计
		客户习惯沟通方式统计		统计
		物业关注点统计		统计
		兴趣爱好分类统计		统计
		房屋状态统计		统计
		房屋面积统计		统计

续表

二级标签	三级标签	合成四级标签（业务）	五级标签（属性）	模型类型
社区	基础设施			
	公共服务			
	便民服务			
	志愿服务			

居民层次：

二级标签	三级标签	合成四级标签（业务）	五级标签（属性）	模型类型
居民	基础属性标签	性别	男、女	规则匹配
		年龄段	40 后、50 后一直到 00 后	规则匹配
		籍贯	各省、直辖市	规则匹配
		血型	A 型；B 型；AB 型；O 型；Rh 阴性；Rh 阳性	规则匹配
		行业	1 计算机/互联网/通信/电子；2 会计/金融/银行/保险；3 贸易/消费/制造/营运；4 制药/医疗；5 广告/媒体；6 房地产/建筑；7 专业服务/教育/培训；8 服务业；9 物流/运输；10 能源/原材料；11 政府/非盈利机构；12 其他	规则匹配
		职业	1IT；2 财会；3 审计；4 稽核；5 银行；6 金融；7 医疗健康；8 教育；9 培训；10 律师；11 新闻媒体；12 房地产；13 物业同行；14 政府官员；15 人力资源；16 建筑工程；17 生物化工；18 保险；19 公共资源（水，电，气）；20 移动通信；21 物流；22 演艺；23 体育；24 其他	规则匹配
		车辆数量		统计
		车辆品牌		规则匹配
		车辆档次	高中低档	统计
		房产数量		统计

续表

二级标签	三级标签	合成四级标签（业务）	五级标签（属性）	模型类型
居民	基础属性标签	房屋名称		规则匹配
		房屋状态	0 未知 1 常住 2 空置 3 度假 4 出租 5 商用 6 未售	规则匹配
		房屋面积大小	40 平以下，40－60，60－80，80－100，100－120，120 以上	统计
		…		
	行为属性标签	进出小区情况		统计
		客户习惯沟通方式	电话；微信；短信；上门；社区公告	规则匹配
		物业报修情况		统计
		家政渠道		数据挖掘
		…		
	兴趣爱好标签	决策参与爱好者	业主委员会，社区自治组织	统计与数据挖掘
		知识学习爱好者	婚姻家庭讲座，老年大学，健康养生讲座，夏（冬）令营，四点半学校，绘画培训班，舞蹈培训班等	统计与数据挖掘
		娱乐休闲爱好者（群体需求）	足球队，篮球队，羽毛球队，网球队，高尔夫，红酒，自驾旅游等	统计与数据挖掘
		娱乐休闲爱好者（个人需求）	唱歌，游泳，书法，棋类，柔力球，养鱼，种植花草，跑步，爬山等	统计与数据挖掘
		志愿服务爱好者	志愿者（NGO）	统计与数据挖掘
		生活消费爱好者	团购，网购	统计与数据挖掘
		团体聚会爱好者	太太俱乐部，读书会，妈妈帮	统计与数据挖掘
	需求因素标签	成员特殊情况	1 老人独居 2 空巢老人 3 家人出国 4 家人脾气不好 5 有孕妇 6 有重症病人 7 需仪器治疗 8 其他家庭健康 9 其他家庭状态	规则匹配

续表

二级标签	三级标签	合成四级标签（业务）	五级标签（属性）	模型类型
居民	需求因素标签	家庭结构	1 单身户 2 夫妻户 3 三口之家 4 四口之家 5 三代同堂 6 多人之家（五口人以上）	规则匹配
		子女教育	学前培训；艺术培训；课外辅导；学区房；其他子女教育	规则匹配
		物业关注点	安全；保洁；绿化；消杀；设备设施；服务态度；隐私保护；其他	规则匹配
		宠物数量		统计
		养宠物经历	未养过宠物，曾养过宠物，现有宠物	统计
		是否接种疫苗	是否	规则匹配
		是否有养犬证	是否	规则匹配
		装修信息	0 未知 1 毛坯 2 简装修 3 精装修 4 豪华装修 5 其他	规则匹配
		装修详情	聚类	数据挖掘
		…		
	社区需求标签	房屋打理需求	1 欲出租 2 欲出售 3 待装修 4 美居 5 其他 6 无	规则匹配与数据挖掘
		保姆状态	1 不住家保姆 2 育儿嫂 3 固定钟点工 4 临时钟点工 5 家庭护工 6 全职带孩子 7 无	规则匹配与数据挖掘

二级标签	三级标签	合成四级标签（业务）	五级标签（属性）	模型类型
居民	社区需求标签	是否安装指纹锁	是否	规则匹配与数据挖掘
		公共服务需求		
		健康安全需求		
		便民利民服务需求		
		表达性需求		
		自我实现需求		

（二）基于标签扩散补全居民与社区画像

基于居民画像，对居民群体进行标签扩散，进一步补全居民画像与社区画像。由于现有数据中只有部分居民拥有兴趣爱好标签、需求因素标签，但这些标签既能反映出一定的居民需求，又对精准识别居民需求具有重要作用，因此通过标签扩散技术补全其余部分居民的标签至关重要。具体来讲，基于现有居民基础属性标签、行为属性标签，以拥有兴趣爱好、需求因素标签的居民为样本，通过随机森林、决策树等机器学习方法训练标签扩散模型，将有标签用户的标签传给与他相似的用户，对居民群体进行标签扩散，进一步补全居民画像与社区画像。

例如，我们需要对体育活动爱好者这个标签进行标签扩散，基于居民画像，找到拥有这一标签的居民群体，描述他们的标签包括基础属性标签和行为属性标签，当通过标签扩散模型计算出一个新居民与这个群体具有较高相似度时（比如 70%），我们可预测该新居民同样具有体育活动爱好者这个标签。

在构建标签扩散模型的过程中，由于现有居民数据中对实现标签扩散有价值的数据项较少，且部分数据项缺失值太多，即使用相应的方法填充，对标签扩散的准确率也会有影响，因此针对数据特点选择了逻辑回归、贝叶斯分类法和 XG-Boost 算法三种机器学习算法进行模型训练。

三种算法有各自的特点，逻辑回归算法本身简单有效，不需要特征缩放，不用调整超参数，但其对特征工程要求非常高，比如特征之间不能有相关性，最终效果不是很好；贝叶斯分类法对于缺失数据不敏感，而且算法本身有着坚实的数学基础，和稳定的分类效率，但最终效果较为一般，可能是由于某些特征之间相关性比较强，而 Bayes 算法需要假设属性之间相互独立；XG-Boost 算法不需要处理缺失值，算法本身有良好的缺失值处理策略，且能在一定程度上防止过拟合，最终模型效果较另外两种算法更好。

本研究最终选择 XG-Boost 算法对居民的爱好标签进行了扩散，并针对数据特点，对该算法进行了部分改进。使用 Easy Ensemble 集成学习算法进行多数类样本下采样，使用 Borderline-SMOTE2 算法进行少数类样本上采样，替代原算法所采用的 Adaboost 基分类器，使用贝叶斯优化策略对 XG-Boost 参数进行优化得出最优参数组合，采用一种新的基于混合采样的 XG-Boost 集成算法。训练模型流程如下。

（1）数据预处理。由于所用算法具有补充缺失值策略，数据预处理不需要补充缺失值，但同样要将错误的数据纠正或者删除，最后整理成为我们可以输入到算法的合格数据。

（2）探索性数据分析（EDA）。EDA 指对已有的数据在尽量少的先验假定下进行探索，通过作图、制表、方程拟合、计算特征量等手段探索数据的结构和规律的一种数据分析方法。在深入机器学习或统计建模之前，EDA 是一个重要的步骤，这是因为它提供了为现有问题开发适当模型并正确解释其结果所需的来龙去脉。

（3）特征工程。特征工程将原始数据映射到机器学习特征。在总数据集中，选择年龄、性别、籍贯、职业、行业、宠物数量、房屋建造面积水平、房屋状态等特征作为训练特征。这些特征要被分为分类特征和数值特征。分类特征是文字型的，要编码为计算机可以识别的数字。数值型特征不用处理。

（4）模型训练。在模型训练前，将数据集划分为训练集、验证集和测试集三部分。将训练集用于训练标签扩散模型，并尝试不同参数组合的训练模型，最后得到多个不同参数的标签扩散模型。验证集调整参数：将得到的模型进行性能评估，不断调整模型参数，直至得到性能最佳的模型。根据得到的性能良好的模型对测试集数据进行预测。

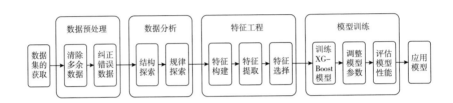

图 3-9　标签扩散模型训练流程

（三）基于居民画像识别社区居民服务需求

基于居民画像，通过计算用户间的相似度对每个社区居民的服务需求进行精准的识别，进而获知整个社区的服务需求状态。现有数据中具备少量的居民需求，在此基础上，通过调研、填写问卷的方式获取部分居民的需求，将这些具备需求信息的居民作为样本，将居民的基础属性标签、行为属性标签、兴趣爱好标签和需求因素标签作为特征训练模型，对其他居民的需求进行预测。技术方法主要是机器学习中的分类技术，常用的模型有 LR、FM、SVM、GB-DT、RF 等。

具体来讲，基于居民画像，筛选出具有某个社区需求的特定人群，以这些居民的标签作为特征，通过随机森林、支持向量机等机器学习方法训练需求识别模型。当判定一个新居民是否具有该需求时，我们可以根据需求识别模型，计算该新居民与这个特定人群的特征相似性，当相似度大于特定阈值时，可判定该新居民也会有此需求。

　　例如，基于居民画像，我们识别出有高档场所社交需求的特定群体，描述他们的标签包括基础属性标签、行为属性标签和兴趣爱好标签等，当通过需求识别计算出一个新居民与这个群体具有较高相似度时（比如60%），我们可预测该新居民同样需要一个较为高档的场所进行社交。

　　在构建需求识别模型的过程中，现有居民数据中需求数据样本较小，且部分数据项缺失值太多以及数据不平衡问题较为严重，因此针对数据特点选择了支持向量机（SVM）、XG-Boost算法和随机森林算法三种机器学习算法进行模型训练。三种算法有各自的特点，SVM非常适合解决小样本下的机器学习的问题，但缺点是对缺失数据很敏感，而且调节参数很复杂；XG-Boost算法不需要处理缺失值，算法本身有良好的缺失值处理策略；随机森林算法可以很好地处理缺失值问题，且在不平衡数据集上拥有良好性能，最终模型效果较另外两种算法更好。

　　因此，本研究最终选择随机森林算法对居民需求进行预测，并针对数据特点，对该算法进行了部分改进，对多数类样本进行无放回随机抽样，对少数类样本进行有放回抽样，结合组成平衡子集，利用新的平衡子集训练每一个分类器。这种训练方式除了修正训练集的不平衡性之外也增加了少数类样本在学习器中的识别率，最大化地利用了少数类样本。训练模型流程如下。

　　（1）数据预处理。数据预处理也被称作数据清洗，针对标签化后的数据集，将数据集中重复、多余的数据筛选清除、缺失的数据补充完整，错误的数据纠正或删除，最终得到可以用来训练模型的数据集。

　　（2）探索性数据分析。探索性数据分析是进行特征工程前必不可少的一步，需用通过一些探索性的统计分析，识别特征间关系以及特征与标签间的关系，为后续特征工程作准备。

　　（3）特征工程。"数据决定了机器学习的上限，而算法只是尽可能逼近这个上限"，这里的数据指的就是经过特征工程得到的数据，特征工程即把原始数据转变为模型的训练数据的过程。在数据集中，选取年龄、籍贯、职业、家庭成员、家庭教育、车的数量、车档次水平、房产数量、家政渠道等标签作为训练特征，并将这些特征分为分类特征和数值特征。其中分类特征是文字型特征，需要进行编码才可以被计算机识别。

（4）模型训练。在模型训练前，将数据集划分为训练集、验证集和测试集三部分。首先，将训练集用于训练随机森林模型，并尝试不同参数组合的训练模型，最后得到多个不同参数的随机森林模型。其次，根据验证集调整参数，将得到的模型进行性能评估，不断调整模型参数，直至得到性能最佳的模型。

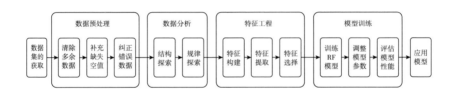

图 3-10　需求识别模型训练流程

（四）基于关联规则挖掘社区服务需求间的关联关系

关联规则（Association Rules）是反映一个事物与其他事物之间的相互依存性和关联性，是数据挖掘的一个重要技术，用于从大量数据中挖掘出有价值的数据项之间的相关关系。关联规则挖掘是一种基于规则的机器学习算法，该算法可以在大数据中发现感兴趣的关系，目的是利用一些度量指标来分辨数据中存在的强规则。也就是说关联规则挖掘是用于知识发现，而非预测，所以是属于无监督的机器学习方法。关联规则挖掘过程主要包含两个阶段：第一阶段必须先从需要关联的特征集合中找出所有的高频项目组，第二阶段再由这些高频项目组中产生关联规则。

以居民的社区需求作为关联规则挖掘的特征，基于大量的居民需求数据，通过 Apriori、FP-growth、Eclat 等关联规则算法训练需求关联模型，通过需求关联模型挖掘出有着较强关联关系的需求组合，并从中筛选出有实践价值的组合关系，为万科云城制造社区服务新场景提供参考。例如，通过数据挖掘，我们发现宠物需求与汽车保养需求总是同时出现，那么服务提供商可以通过折扣优惠提供捆绑式服务，激发居民同时购买多项服务的意愿，提高居民总消费额。

Apriori 算法、FP-growth 算法、Eclat 算法三种算法并没有明显的适用范围，也没有特定的评价方法去评价得到的关联规则质量，这三种算法只是在流程、效率、机制方面稍有不同。通过对三种算法的尝试，根据主观判断哪个算法产生的规则效果更好，最后我们选择的是 FP-Growth 算法训练关联规则模型。训练流程如下。

（1）获取数据集。从原始数据集中获取居民的需求数据作为模型训练数据集。

（2）数据预处理。在对数据进行模型训练之前首先需要对数据进行清洗工作，去除居民需求数据中的噪声数据和无关数据，补全缺失数据，可以有效降低后续需求关联所消耗的时间，并能得到质量更高的关联结果。

（3）特征工程。特征工程是指对特征数据进一步加工，使得特征能在训练模型上发挥更好的作用的过程。其目的是筛选出更好的特征，获取更好的训练数据，主要包括特征构建、特征提取、特征选择三部分。特征构建是指从原始数据中构建新的特征，具体来说，需要将需求数据中的每一个值都转化为新的特征；特征提取是指通过映射规则将原始数据转换为具有明显物理意义或统计意义的特征，例如，将数据集中车辆品牌通过映射规则转化成车辆档次；特征选择是指从特征集合中挑选一组最具统计意义的特征子集，从而达到降维的效果。

（4）模型训练。对经过特征工程处理的数据训练 FP-Growth 模型，不断调整该训练模型的参数，直至得到性能表现最好的模型。最后评估该模型性能，对所形成的关联规则评估其可解释性和可靠性，得出效果最好的模型与结论。

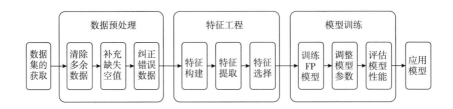

图 3-11 关联规则模型训练流程

四 技术应用前景和方法论适用范围、应用可能性展望

（一）技术应用前景和方法论适用范围

通过精准构建居民画像和社区画像，挖掘居民个体和群体的属性特征与社区服务供给内容和能力之间的匹配关系，对社区服务体系中三类服务的精准化构建给予全面支撑。具体来说，第一是社区公共服务精准化供给，对每个社区的居民群体公共服务需求进行精准的识别，为城市运营服务企业参与城市治理提供社区层面的决策支撑。第二是社区便民利民服务精准化开放，精准识别社区居民的商业服务需求，为城市运营服务企业进行商业决策提供有力支持。第三是社区志愿服务精准化引导，对社区居民的公共参与意愿进行精准识别，辅助城市运营服务企业引导社区志愿服务有序开展。

当下《个人信息保护法》重点在于处理个人信息时应当在事先充分告知的前提下取得个人同意，并保证决策的透明度和结果公平、公正，不得对个人实行不合理的差别待遇。本研究主要针对社区中各类居民群体，不针对居民个体，旨在为居民更好地提供精准化、精细化服务。中共十九届四中全会《决定》提出"推动社会治理和服务重心向基层下移，把更多资源下沉到基层，更好提供精准化、精细化服务"，本研究很好地遵循了这一方针。

本研究基于现有数据完成部分标签体系的构建，初步实现居民和社区画像的绘制，并对居民需求识别与需求关联做了一些工作。

当前研究主要有以下两点局限之处。

一是现有数据缺失居民的行为属性、需求以及社区提供的各项服务等数据,导致标签体系的构建不够完整,只能初步绘制居民画像与社区画像。后续研究需要补全缺失的数据,打破各系统间的信息孤岛现象或者在各系统增加新的数据项,并通过调研与问卷调查等手段获取部分数据,再通过标签扩散等技术手段补全数据。

二是因上述数据缺失以及数据质量问题,居民需求识别的效果较为一般,无法通过训练模型的方式精准识别居民的需求。此外,现有数据需求数据项过少,无法通过关联规则挖掘社区需求间的特殊关系,只能以部分非需求特征代替需求特征进行关联规则模型的训练。

(二) 应用可能性展望

本研究初步完成了方法论的四部分,在接下来的研究中,基于标签扩散技术,补全缺失的数据,完善标签体系的构建以及居民画像与社区画像的绘制。基于居民画像精准识别社区内各居民的需求,进一步完善社区画像,并且在对每类居民群体提供针对性服务的同时,对每类居民群体实现精准营销,通过广告推送,精准识别消费客户等手段实现利润的增长。基于居民与社区画像,针对社区内不同人群的需求以及基础设施的完备情况,提供与之匹配的公共服务和便民利民服务,精准地实现社区内各项服务供需间的平衡,避免提供服务不足或者资源浪费的情况发生,并制定相关策略,为城市运营服务商参与城市治理提供社区层面的决策支撑。最后,基于关联规则等技术手段,对居民的社区需求进行关联关系的挖掘,识别出有较强关联性的特殊需求组合,助力发现社区服务场景新奇的传播点与新的利润增长点。

五 未来目标:基于联邦学习实现政企多源数据融合

为提高基于大数据的社区治理效果,多源数据融合是实现这一目的的有效手段。当前基层治理领域数据规模较小或者数据质量较差,并且这些数据分散在不同的机构,形成了一个个"数据孤岛",

在数据不能互通的情况下，基于大数据为实现社区治理训练出的模型效果很难大幅度提升。如果政府和企业的分布式数据融合成面向社区治理的全景式大数据，将面临另一个问题——数据隐私保护。随着政策法规的逐渐完善和公众隐私保护意识的加强，如何在保护数据隐私的前提下实现政企合作与协同治理，如何破解"数据孤岛"和"数据隐私保护"的两难困境，成为当下基于大数据实现社区治理亟待解决的问题。

本课题团队从联邦学习这一技术入手，探索一种有效帮助多个机构在满足用户隐私保护、数据安全和政府法规的要求下，实现多源数据融合并进行数据使用和建模的模式。未来研究的主要目的是探索政企多源数据融合的实现路径，以及基于政企多源数据融合的社区治理与服务的创新模式。基于上述技术手段，指导政企数据对接、融合与治理，实现基层政府部门的政务数据与市场化企业自有数据的互通公用，达成深度合作目的。此外，基于政企多源数据，构建社区知识图谱，力争推进社区治理与服务创新。

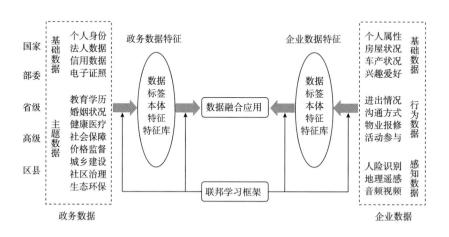

图3-12 政企数据融合机制

联邦学习（Federated Learning）指的是在满足隐私保护和数据安全的前提下，设计一个机器学习框架，使各个机构在不交换数据的情况下进行协作，提升训练模型的效果。其核心就是解决数据孤岛和数据隐私保护的问题，通过建立一个数据"联邦"，让参与各方都获益，推动技术整体持续进步。

联邦学习有几大特征：（1）各方数据都保留在本地，不泄露隐私也不违反法规；（2）多个参与者联合数据建立虚拟的共有模型，实现各自的使用目的，共同获益；（3）在联邦学习的体系下，各个参与者的身份和地位相同；（4）联邦学习的建模效果类似于传统深度学习；（5）"联邦"就是数据联盟，不同的联邦有着不同的运算框架，服务于不同的运算目的。在实际应用中，因为孤岛数据具有不同的分布特点，所以联邦学习也可分为：横向联邦学习、纵向联邦学习、联邦迁移学习 3 种方案，如图 3-13 所示。

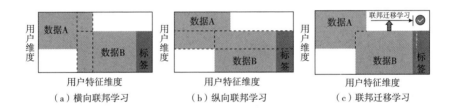

（a）横向联邦学习　（b）纵向联邦学习　（c）联邦迁移学习

图 3-13　联邦学习的分类

具体而言，以包含 2 个数据拥有方的联邦学习为例，数据分布可以分为 3 种情况：（1）2 个数据集的用户特征重叠部分较大，而用户重叠部分较小；（2）2 个数据集的用户重叠部分较大，而用户特征重叠部分较小；（3）2 个数据集的用户与用户特征重叠部分都比较小。为了应对以上 3 种数据分布情况，我们把联邦学习分为横向联邦学习、纵向联邦学习与联邦迁移学习。

市场化企业以城市运营服务商的角色参与基层治理，可以在政府的领导下，将政府各部门的政务数据与企业自有的数据通过联邦学习这一手段实现互通公用。政府部门的政务数据与企业自有数据用户重叠部分较大，而用户特征重叠部分较小，属于纵向联邦学习，包含加密样本对齐和加密模型训练两部分。首先，由于政企的用户群体并非完全重合，系统利用基于加密的用户样本对齐技术，在政府和企业不公开各自数据的前提下确认双方的共有用户，并且不暴露不互相重叠的用户，以便联合这些用户的特征进行建模。其次，在确定共有用户群体后，就可以利用这些数据训练机器学习模型。为了保证训练过程中数据的保密性，需要借助第三方协作者进行加密训练。通过设置第三方协作者的手段，在样本对齐及模型训练过程中，政府和企业各自的数据均保留在本地，且训练中的数据交互也不会导致数据隐私泄露。因此，双方在联邦学习的帮助下得以实现合作训练模型。

第四节　结论

（1）目前社区治理存在信息化建设和服务体系构建两方面的问题。

信息化建设主要问题有以下三点。第一，公共服务部门间存在数据壁垒。各部门建设自己的大数据治理平台，跨部门、跨区域资源共享比较困难，存在信息孤岛现象。第二，各社区基础设施建设没有统一标准。各社区间的基础设施建设由不同的公司来承建，不同社区基础设施硬件、平台、运营模式以及数据没有一个统一的标准，且存在数据管理问题和信息安全问题。第三，社区人才培养环节薄弱。由于工作待遇和编制等问题，社区工作人员的信息化知识水平并不能完全承担其工作任务，对社区信息化建设形成了一定阻碍。社区服务体系构建的问题在于如何更好提供精准化精细化服务，主要面临三大难题，分别针对社区服务体系中的公共服务、便民利民服务以及志愿服务。其中社区公共服务问题本质是公共服务在供给过程中均等化和个性化不足，便民利民服务在精准化方面主要存在需求信息不对称的难题，志愿服务整体发展较为缓慢，缺乏对社区志愿服务的有效引导。

（2）"全域智能运营"是社区治理的有效协助手段。

城市运营服务商协助社区进行有效的基层治理，主要从以下三方面进行。第一，协助政务管理平台搭建，推动智慧社区信息化建设。城市运营服务商可以在政府的领导下，搭建以居民需求为导向的跨部门、跨区域的综合性数字系统，建立统一政务管理平台，通过后台调动各部门间数据、对接各部门系统，对事项进行直接办理。此外，城市运营服务商可以统一各社区基础设施建设，推动智慧社区信息化建设，并通过设置合理的晋升空间与良好的工作待遇解决社区基层工作人员人才薄弱的情况。第二，全面构建社区服务体系，感知居民服务需求与参与意愿。依托大数据平台，开发手机APP 应用，吸引社区居民主动通过移动平台渠道进行需求信息的交互，感知社区居民的公共服务需求和便民利民服务需求。此外，建立志愿者信息库，根据志愿服务供给情况进行数据分析，通过一些手段激发社区居民的参与意识。第三，完成居民服务需求识别，实现居民服务精准化供给。基于大数据通过画像技术，对社区内不同群体的公共服务需求、便民利民服务需求以及居民公共参与意愿进行精准识别，最终让政府提供的公共服务、市场提供的便民利民服务以及社区居民提供的志愿服务实现有效的精准化供需匹配。

（3）基于大数据画像技术对社区服务需求实现精准识别。

为实现基层社区有效治理，核心要点就是需要梳理并明确社区居民服务需求矩阵，这也是为社区居民提供精准服务的必要前提。依托万物云 30 年沉淀的空间运营能力以及所积累的基础数据，运用大数据等技术手段，挖掘居民个体和群体的服务需求，探索如何准确识别社区居民需求，进而提供精准的服务，形成了以下四步方法论：首先，基于基础数据构建居民与社区画像；其次，基于标签扩散补全居民与社区画像；再次，基于居民画像精准识别社区居民服务需求；最后，基于关联规则挖掘社区服务需求间的特殊关系。

（4）政企多源数据融合推进社区治理与服务创新。

多源数据融合是提高大数据基层社区治理效果的有效手段，当前基层社区治理领域，政府和企业间数据不能互通，存在"数据孤岛"和"数据隐私保护"的两难困境。市场化企业以城市运营服务商的角色参与基层治理，在政府的领导下，基于联邦学习这一手段实现政企间数据的互通公用。通过政企间的多源数据融合，提高基层社区治理领域的数据数量及质量，进而增强大数据基层治理领域模型的训练效果，最终实现提升基层社区治理效果这一目的。

第四章　习近平新时代中国特色社会主义城市有机体研究[*]

第一节　城市有机体理论背景

一　习近平总书记的城市论述：作为生命体有机体

党的十八大以来，习近平总书记在多个场合多次就城市相关问题作出重要论述，通过对城市与自然生态的关系、城市与历史文化传承的关系、城市建设和治理、城市智慧化等问题的阐释，提出了新时代城市生命体有机体的全新认识。这些观点是我们从事城市相关工作的大基础和大前提，也为我们推动新时代中国特色社会主义城市有机体的学理化研究提供了明确的思想指引。

（一）城市与自然生态

在 2013 年 12 月的中央城镇化工作会议上，习近平总书记谈到："要让城市融入大自然，不要花大气力去劈山填海，很多山城、水城很有特色，完全可以依托现有山水脉络等独特风光，让居民望得见山、看得见水、记得住乡愁"①。在城市与自然生态的融合上，体现出顺应自然、尊重自然和保护自然的城市建设思路。

在 2015 年 12 月的中央城市工作会议上，总书记再次提出："城市建设要以自然为美，把好山好水好风光融入城市，使城市内部的

---

　　*　本章节由哈尔滨工业大学（深圳）马克思主义学院杨志教授团队撰写，成员包括：杨志、贾点点。
　　①　《十八大以来重要文献选编》（上），中央文献出版社 2014 年版，第 603 页。

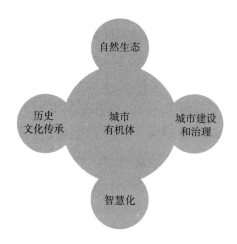

图 4-1　城市有机体涵盖内容

水系、绿地同城市外围河湖、森林、耕地形成完整的生态网络。要大力开展生态修复，让城市再现绿水青山。要停止那些盲目改造自然的行为，不填埋河湖、湿地、水田，不用水泥裹死原生态河流，避免使城市变成一块密不透气的'水泥板'"①。并首次提出，山水林田湖是城市生命体的有机组成部分，不能随意侵占和破坏。自然生态是城市生长的客观物质条件和基础，人的活动既能升级、又能降级自然生态，但就如马克思所说："自然界，就它自身不是人的身体而言，是人的无机身体②"。对于城市生命体有机体而言，爱护自然要像爱护自己的身体一样，保护山水林田湖就像保护自己的眼睛一样。

（二）城市与历史文化传承

历史文化传承是人类社会历史文化传承，一方面以城市建筑古迹等物质形态构成城市肌体的一部分，另一方面在城市中以人为载体的历史文化等精神形态展现出来。冯骥才说："城市和人一样，

---

① 《中央城市工作会议在北京举行　习近平李克强作重要讲话》，《人民日报》2015年12月23日第1版。

② 《马克思恩格斯文集》，人民出版社2009年版，第161页。

也有完整的生命历史。从其诞生至今，与自然环境和人文环境相互融合。一代代人创造了它之后纷纷离去，却将此转化为一条条老街道、一座座名胜古迹，还有民间手艺、历史人物等等，全都默默地记忆在它巨大的肌体里。"①

习近平总书记在 2013 年 12 月中央城镇化工作会议上的讲话指出："要融入现代元素，更要保护和弘扬传统优秀文化，延续城市历史文脉。"② 2014 年 2 月，习近平总书记在北京市考察工作时指出，历史文化是城市的灵魂，要像爱惜自己的生命一样保护好城市历史文化遗产③。2015 年 12 月，中央城市工作会议上指出，延续城市历史文脉，保护好前人留下的文化遗产④。在 2020 年 10 月考察潮州古城时谈到，爱这个城市，就要呵护好她、建设好她⑤。在 2021 年 3 月考察福州时强调，保护好传统街区，保护好古建筑，保护好文物，就是保存了城市的历史和文脉。对待古建筑、老宅子、老街区要有珍爱之心、尊崇之心⑥。

（三）城市建设和治理

城市建设和治理的出发点和落脚点都是人，因此总书记在 2015 年 12 月中央城市工作会议上强调，城市的核心是人，关键是十二个字：衣食住行、生老病死、安居乐业。城市工作做得好不好，老百姓满意不满意，生活方便不方便，城市管理和服务状况是重要评判标准。做好城市工作，要顺应城市工作新形势、改革发展新要求、

---

① 《中央城市工作会议点出的文化课题：续"文脉"提"气质"》，《新华网》，2015 年 12 月 24 日。

② 《在中央城镇化工作会议上的讲话》（2013 年 12 月 12 日），《党的十八大以来重要文献选编》（上），中央文献出版社 2014 年版，第 603 页。

③ 《习近平北京考察工作：在建设首善之区上不断取得新成绩》，《人民日报》2014 年 2 月 27 日第 1 版。

④ 《中央城市工作会议在北京举行　习近平李克强作重要讲话》，《人民日报》2015 年 12 月 23 日第 1 版。

⑤ 《习近平考察潮州古城：爱这个城市，就要呵护好她、建设好她》，《人民网》，http：//gd.people.com.cn/n2/2020/1013/c123932-34346731.html，2020 年 10 月 13 日。

⑥ 《保护传统街区　保存城市文脉》，《人民网》，http：//fj.people.com.cn/n2/2021/0421/c181466-34686932.html，2021 年 4 月 21 日。

人民群众新期待，坚持以人民为中心的发展思想，坚持人民城市为人民[①]。2019 年 11 月考察上海时，进一步谈到，人民城市人民建，人民城市为人民。在城市建设中，一定要贯彻以人民为中心的发展思想，合理安排生产、生活、生态空间，努力扩大公共空间，让老百姓有休闲、健身、娱乐的地方，让城市成为老百姓宜业宜居的乐园[②]。

城市工作是一个系统工程。在城市建设和发展主体上，总书记明确强调，市民是城市建设、城市发展的主体。要尊重市民对城市发展决策的知情权、参与权、监督权，鼓励企业和市民通过各种方式参与城市建设、管理。在共建共享过程中，城市政府应该从"划桨人"转变为"掌舵人"，同市场、企业、市民一起管理城市事务、承担社会责任。在建设和治理过程中，需要：第一，尊重城市发展规律；第二，统筹空间、规模、产业三大结构，提高城市工作全局性；第三，统筹规划、建设、管理三大环节，提高城市工作的系统性；第四，统筹改革、科技、文化三大动力，提高城市发展持续性；第五，统筹生产、生活、生态三大布局，提高城市发展的宜居性；第六，统筹政府、社会、市民三大主体，提高各方推动城市发展的积极性[③]。

2020 年 3 月在湖北省考察新冠肺炎疫情防控工作时谈到，城市是生命体、有机体，要敬畏城市、善待城市，树立"全周期管理"意识，努力探索超大城市现代化治理新路子[④]。城市生命体有机体论述的提出，成为城市治理当中关键的基础性认识。

（四）城市智慧化

从生命体有机体来理解城市，自然要过渡到城市生命体有机体

① 《中央城市工作会议在北京举行　习近平李克强作重要讲话》，《人民日报》，2015 年 12 月 23 日第 1 版。

② 《习近平：人民城市人民建，人民城市为人民》，《人民网》，http://cpc.people.com.cn/n1/2019/1103/c64094-31434692.html，2019 年 11 月 3 日。

③ 《中央城市工作会议在北京举行　习近平李克强作重要讲话》，《人民日报》，2015 年 12 月 23 日第 1 版。

④ 杨阳腾：《新时代城市治理的生动实践》，《经济日报》2020 年 10 月 11 日 11 版。

的特征——智慧化。2015 年 12 月，总书记在中央城市工作会议上谈到，要强化智能化管理，提高城市管理标准，更多运用互联网、大数据等信息技术手段，提高城市科学化、精细化、智能化管理水平①。2020 年 4 月总书记在考察杭州时指出，通过大数据、云计算、人工智能等手段推进城市治理现代化，大城市也可以变得更"聪明"②。从信息化到智能化再到智慧化，是建设智慧城市的必由之路，前景广阔。2020 年 10 月，总书记在深圳特区建立 40 周年讲话中指出，要注重在科学化、精细化、智能化上下功夫，发挥深圳信息产业发展优势，推动城市管理手段、管理模式、管理理念创新，让城市运转更聪明、更智慧③。

二　芝加哥学派的城市：作为物质载体

芝加哥学派（Chicago School）是许多不同学科学派的统称，因这些学派都源自于芝加哥大学（或芝加哥市），故名芝加哥学派。芝加哥学派包括芝加哥经济学派、芝加哥建筑学派、芝加哥传播学派、芝加哥数学分析学派、芝加哥气象学派等等。其中最著名的当属芝加哥经济学派和芝加哥社会学派。芝加哥经济学派是指芝加哥大学的一群学者的学术理念，早期包括 Frank Knight、Henry Simons 等，后期（鼎盛时期）包括诺贝尔奖获得者 Milton Friedman、George Stigler、Ronald Coase 等等。他们继承了 Frank Knight 以来芝加哥传统的经济自由主义思想和社会达尔文主义，信奉自由市场经济中竞争机制的作用，相信市场力量的自我调节能力，认为市场竞争是市场力量自由发挥作用的过程。他们还认为企业自身的效率才是决定市场结构和市场绩效的基本因素。

芝加哥经济学派作为西方主流经济学的重要一脉，影响了一批

---

①《中央城市工作会议在北京举行　习近平李克强作重要讲话》，《人民日报》，2015 年 12 月 23 日 01 版。

②《习近平：运用信息化让城市变得更"聪明"》，《人民网》，http://pic. people. com. cn/n1/2020/0401/c426981-31657469. html，2020 年 4 月 1 日。

③《在深圳经济特区建立 40 周年庆祝大会上的讲话》，《人民日报》，2020 年 10 月 15 日第 2 版。

关注城市经济问题的经济学家。城市经济理论沿着芝加哥学派的路径认为城市空间是物质的载体，它的形成和变迁是自然进化过程，也是社会群体自然竞争结果。重在解释城市空间结构形成和变迁的自然进化过程和社会群体自然竞争结果。① 其中，较为著名的是基于 Thünen 农业区位理论的城市竞价地租曲线解释城市空间结构。② 发展到当代，以 Krugman 为代表的新经济地理学派以一般均衡、规模报酬递增、运输成本与生产要素和消费者地区转移为框架，解释城市空间格局的形成和演进③，也有学者关心地理因素对经济活动区位的影响。④

芝加哥学派对城市空间的理解，可以看到两个特点：第一是直接的现象层面，也就是物质载体的层面，承载了城市范围内譬如楼宇、街道、工厂、公共设施等物质组成部分；第二是社会达尔文主义的，强调自然竞争的结果，而不涉及人本主义的思考。

三 世界城市网络理论的城市：作为网络节点

英国学者 Peter Taylor 是世界城市网络理论的代表，世界城市网络理论被认为是信息化和网络化时代以来，对城市和城市的联系的全新认识。其首要的理论来源是 Manuel Castells 在 20 世纪 80—90 年代关于信息化和网络社会的流动空间研究。Castells 关于城市空间问题的研究使之成为新马克思主义城市理论的重要代表，之后关于流动空间的研究转换使其理论立场由马克思主义的激进左派转向后现代主义的保守右派。

关于流动空间，Castells 认为，在全球化开始之前，占主导的空间形式是地点空间（space of places），而在全球化时代，特别是通

---

① Park，R，The City：Suggestions for the Investigation of Human Behavior in the Urban Environment，*American Journal of Sociology*，Vol. 7，No. 44，1938.

② Alonso，W，*A theory of the Urban Land Market*，*Papers of Regional Science Association*，Muth，Richard. *Cities and Housing*，Chicago：University of Chicago Press，1969.

③ Krugman，P. *Geography and Trade*，Cambridge，MA：MIT Press，1991.

④ Henderson，J. V，Tim S，Adam S，et al. The global distribution of economic activity：nature，history，and the role of trade，*Quarterly Journal of Economics*，Vol. 133，No. 1，2018.

信技术和计算机产业结合的新技术背景下，空间形式已经被改写为一种新的变化结构，也就是全球资本、信息和人的流动空间（space of flows）。① 基于这种流动空间，Taylor 认为世界城市网络的理论起点是带等级趋势的世界城市网络②，以取代 John Friedmann 的静态等级概念。对于网络关系和等级关系的区别，Taylor 和他的团队认为网络关系是城市通常的（generic）关系，而等级关系是城市附带的（contingent）关系，因此城市变化的产生不是通过全球城市等级的上升或下落，而是城市中知识、资本、人等在跨国网络中不断流动而产生变化。③ Taylor 反对城市等级理论所表现出来的城市之间相互竞争的关系，强调城市之间关系的本质是合作的，城市之间是相互需要和互补的，这也是城市网络的应有之义。④

网络一般由节点层（node）和网层（net）组成，世界城市网络被认为是一种特殊类型的网络，即联锁网络（interlocking network），它具有一个三层结构，世界/全球经济是超节点网层（supranodal net），城市是节点（node），先进生产服务企业是次节点（subnodal）层。⑤ Taylor 认为，先进生产者服务企业的次节点层非常关键，在全球经济中，是这些服务企业而不是城市本身在构织网络，因此城市网络研究中，企业才是研究的目标（object），城市只是研究的起因（subject）。⑥ 这些先进生产者服务企业一般包括，会计师事务

①　Castells，M，*The rise of the network society*，Oxford：Blackwell，1996.

②　Taylor，P. J. Hierarchical tendencies amongst world cities：a global research proposal，*Cities*，Vol. 6，No. 14，1997，323-332.

③　Agnew，J. A.，Duncan，J. S，*The Wiley-Blackwell Companion to Human Geography*，*First Edition*. Oxford：Blackwell，2011，p331.

④　Taylor，P. J.，Ni，P.，Derudder，B.，et al，Measuring the World City Network：New Developments and Results［EB/OL］，（2020-12-20）［2010-4-13］. GaWC Research Bulletin 300，http：//www. lboro. ac. uk/gawc/rb/rb300. html .

⑤　Taylor P. J，Specification of the world city network，*Geographical Analysis*，NO. 33，2001，p. 181.

⑥　Taylor P. J.，Ni，P.，Derudder，B.，et al，Measuring the World City Network：New Developments and Results［EB/OL］，（2020-12-20）［2010-4-13］. GaWC Research Bulletin 300，http：//www. lboro. ac. uk/gawc/rb/rb300. html .

所、广告事务所、金融机构（银行、证券和保险等）、律师事务所和管理咨询机构。

至于为何重点关注这些城市运营服务企业而非其他企业，Saskia Sassen 关于全球城市的分析，为 Taylor 提供了理论依据。20 世纪 70 年代以来通信技术和计算机技术的进步，使得企业工作能够在全球范围内瞬时互联，Sassen 观察到两个相矛盾的经济地理现象，一方面生产分散到劳动力更为廉价的地点，另一方面，工业生产的管理和商业服务却呈现集中的趋势。① 对于后者，Sassen 最初谈到，管理服务以及金融、专业化、创造性服务的聚集构成了当代的"全球城市"。② 这种聚集一般发生在城市，而非小城镇或乡村。这些跨国的服务性企业在全球范围内拥有办公网络，每个企业都有其各自的选址策略，包括在哪个城市设置办公点，这些办公点的大小如何、功能如何，以及如何组织这些办公点等等。通过这些办公点，在城市之间以电子通信的方式相互传递信息、指导、建议、规划、解释、策略和知识等，这种工作流形成了世界城市网络。③

四 新马克思主义城市学派的城市：作为社会关系的产物

马克思和恩格斯在对资本主义工业化时期出现的城乡对立、城市空间分割、城市社会矛盾和阶级对立、反映外来工（爱尔兰移民）生存状况等方面进行了论述，揭示了城市肌理结构和社会矛盾的资本主义生产关系因素，是经典马克思主义城市理论的主要内容。随着资本主义国家城市 20 世纪 60—70 年代以来普遍出现城市社会危机，以 Henry Lefebvre、David Harvey、Castells 为主要代表，在经典马克思主义城市理论基础上，重新发现了城市问题，形成了新马克思主义城市理论。

---

① Sassen, S, *Cities in a World Economy*, Thousand Oaks, CA: Pine Forge, 1994.

② Sassen, S, *The Global City*: *New York*, *London*, *Tokyo*, Princeton: Princeton University Press, 1991, p4.

③ Taylor, P. J, Specification of the world city network, *Geographical Analysis*, NO. 33, 2001, p183.

首先，关于城市空间本身，从社会关系角度，空间是经济、政治和文化观念的权力场域，是社会的产物;[①] 从生产关系角度，城市空间本质是一种建构环境，是资本作用的产物;[②] 从消费关系角度，城市本质上是一个集体消费的空间单位。[③] 其次，关于城市空间结构，批判早期工业资本主义社会城市中普遍存在的空间形态不合理、"城市病"等问题，关于城乡分离、城乡对立和消除城乡对立的论述[④]，揭示了资本主义条件下空间结构形成的根本原因是资本主义生产方式，不平等发展理论分析了城市空间的碎片化、断裂化和阶层化，以及发达地区和欠发达地区之间的关系，[⑤] 从资本积累逻辑出发揭示资本积累和城市空间产生的内在关系。[⑥]

第二节　城市作为一个有机体的运行机制分析

一　城市有机体的细胞形态

细胞是有机体生命体的基础单元，对细胞的把握决定着对有机体生命体整体的把握。我们认为，城市有机体的基础单元同样是细胞，城市有机体的细胞形态是以生命存在的个人及其家庭。

首先，基础单元为何不进一步细化至生物细胞层面呢? 这是由我们的研究对象决定的。若从生物细胞层面开始，那是生物学的研究对象，即自然界的生物本身。很显然，我们关心的中心问题是城

---

① Lefebvre H, *The Production of Space*, Oxford: Basil Blackwell, 1991.

② Harvey, D., *The Urbanization of Capital*, Oxford: Basil Blackwell, 1985.

③ Castells, M., *The Urban Question: A Marxist Approach*, London: Edward Arnold, 1977.

④ 《马克思恩格斯文集》第 1-3、5、9 卷，人民出版社 2009 年版。

⑤ Smith N, On the necessity of uneven development. *International Journal of Urban & Regional Research*, Vol. 1, No.10, 1986.

⑥ Harvey, D., Social Justice and the City, *Georgia: The University of Georgia Press*, 2009.

市本身，所涉及的学科包括经济学、社会学、管理学等社会科学，也包括历史、文化、艺术等人文科学。总而言之，我们研究城市是放在人文社会科学的大学科背景之下的。马克思在《资本论》当中为了剖析资本主义生产方式，敏锐地捕捉到单个商品这个细胞形态，"资本主义生产方式占统治地位的社会的财富，表现为'庞大的商品堆积'，单个的商品表现为这种财富的元素形式"。① 那么，商品如何生产、如何消费、如何传递、如何积累，便完整地勾勒出了资本主义社会大生产的全貌，即生产、分配、交换、消费，它们表现出的生产关系、分配关系、交换关系和消费关系，以及生产—分配—交换—消费之间的关系构成了资本主义生产方式的内容，即本质、特征和形态。同样地，为了研究城市的本质、特征和形态，我们要抓住城市的细胞形态——人。人在城市中的活动集中表现为这个城市的外在特征和形态，因此有旅游业活动为主导的旅游城市，如三亚；有工业活动为主导的工业城市，如曾经的底特律和曼彻斯特；有科技活动为主导的科技城市，如硅谷；也有先进生产性服务业活动为主导的全球城市，如纽约、伦敦、中国香港等。人在城市中的活动主要包括生活活动和生产活动，生活活动和生产活动的可持续性、创造性决定了城市有机体的可持续性和创造性。因此，人民城市人民建，人民城市为人民，在城市建设过程中要坚持以人民为中心的发展思想，是对城市有机体基础单元的根本把握，也是中国特色社会主义城市的本质。

第二，基础单元为什么不是多人组团的楼宇呢？从行政管理的角度，城市由不同的区县构成，区县由不同的街道构成，街道由不同的社区构成，社区由不同楼宇构成，楼宇或许再经过分层成为最小的管理单位。以楼宇为最小管理单位对于城市管理者或者城市服务者是有效的，科学的一种管理方法，能够通过对楼宇分门别类全覆盖地提供对应的管理和服务，但对于城市有机体而言，城市管理

① 《资本论》（第1卷），人民出版社2004年版，第47页。

是城市内部的一项功能性活动，这项活动同样归结于人的活动。因此，致力于社区服务、商企服务和城市服务的企业实际上应专注于人的服务，为人的活动提供服务。

第三，基础单元为什么没有包括人周围的客观物质条件呢？直观地从空中俯瞰一座城市，会见到城市由楼房、道路、工厂、绿地、公园、河流等物质设施构成，或许能见到道路上移动的车，甚至路边行走驻足的人。从前述理论背景来看，城市是各类物质要素的组成，正是来自这类直观的观察。城市的各个角落，均是由人及其劳动过滤过的，可以说是一种"人化城市"，无论是各类建筑、道路、绿地，还是看上去自然态的公园、河流，均是人类活动后的产物。因此，以人为城市生命体的细胞形态，便能够进一步解释城市构筑物的形成与变化。

第四，为什么包括个人及其家庭？家庭是社会最基本的细胞，是最基本的社会组织，是最基本的社会设置，也是最基本的经济组织。"每日都在重新生产自己生命的人们开始生产另外一些人，即增殖。这就是夫妻之间的关系，父母和子女之间的关系，也就是家庭①。"因此，在讨论劳动力价值的问题时，劳动者通过劳动获得自己的劳动力价值的部分，不仅含有自己的生存资料的价值，还包括家庭生存资料的价值。微观经济学，被称为研究家庭、厂商和市场合理配置经济资源的科学，家庭也被认为是单个经济单位。因此，当谈到城市有机体的细胞形态为人时，其表示的是个人及其家庭的最小单元。

二　城市有机体的运行机制

在城市有机体的细胞形态基础之上，接下来需要探讨的是细胞之间的连通性，也就是城市有机体的运行机制，这一机制体现了人与自然、人与人之间的关系。这里我们引入社会新陈代谢的概念。

生理学中的"新陈代谢"最初在1815年被提出，随后在19世

---

① 《马克思恩格斯文集》（第1卷），人民出版社2009年版，第532页。

纪 30 年代和 40 年代被德国生理学家采纳，用以表示体内呼吸作用相关的物质交换，Liebig 分别在 1840 年和 1842 年农业化学和动物化学的著作中将这一概念应用到更广的范围，最后在生物化学学科的发展中形成了小至细胞层面，大至整个有机体层面的"新陈代谢"分析；此后直至今天，这一概念成为了研究有机体与环境之间关系的系统理论方法中的核心概念，比如系统生态学家奥德姆用"新陈代谢"指代所有的生物层面，从单个细胞到整个生态系统。

新陈代谢可以简单地理解为，有机体内的资源配置。比如血液中的新陈代谢作用，使得器官获得物质交换，血液的组成成分转变成脂肪，肌肉纤维，组合成脑和神经、骨骼和头发等的组成物质，如果没有新合成物产生、也没有旧物质从体内排出，新陈代谢作用是不可能实现的，每一个运动、每一种有机属性的体现以及每一种有机活动都有新陈代谢活动的参加。

那么，社会新陈代谢呢？社会或者城市有机体内也必然时时刻刻进行着新陈代谢，社会的新陈代谢是商品或服务的生产、交换传递过程。首先，商品需要被生产出来，通常而言，属于人与自然之间的物质变换过程，例如一般制造业，所使用的原材料一般来自采掘业的劳动生产，采掘业在一定的技术水平下通过采掘劳动制造成可供使用的原材料，是人与自然之间的关系。商品生产出来之后，便必须进入社会交换，从非使用者手中传递到使用者手中，主要体现的是人与人之间的关系。使用者消费商品即进入生活活动，也是劳动力的再生产活动，同时是生命体中细胞的更新和生长。生产过程和属于消费的生活过程都处在一定的生态条件之下。于是，"生产—生活—生态"是构成城市有机体运行机制的三个主要方面，反映了人与自然、人与人之间的关系。

（一）生产活动

城市有机体的生产活动是为有机体生命活力提供物质资料的基础性活动。若把整体劳动看成是一个城市有机体自身的劳动，那么城市有机体的劳动过程就是有机体本身与自然的交互过程。譬如工厂，就是城市有机体的生产组织，该组织能够输出生产资料和生活资料，供给到各个细胞单元，物质传递的机制在现实中以市场机制为主导，其他机制（遗传、赠予、罚没等等）作为补充。那么，下面就以占主导的市场机制来说明有机体生产活动的机制机理。

市场机制的本质在于交换，交换因何而起呢？答案是分工，并且随着分工的越来越精细化，交换也越来越成为人们获取必需物质的主要方式。这种方式是在一定社会历史条件之下，以交换为目的而进行生产的经济形式，即商品经济。人类社会发展的历史上，起初经历了自给自足的自然经济，如古代中国的农业社会，由许多分散的、单一的经济单位构成，而这些分散单一的经济单位之间的联系是极少的，因而实际上无法形成大的、紧密相联的、成系统的有机体。在社会分工和生产资料私有制条件之下，商品经济逐渐取代了自给自足的自然经济。社会分工的形成也逐渐扩大。在原始社会的部落制时期、在家长制的农民家庭、封建领地，部落（或者家庭，或者领地）内部已经存在一定程度的分工，但由于生产力水平的低下，社会分工是极不发达的。随着社会劳动划分独立化到不同部门和行业，随着社会劳动分工突破城市、甚至国家的范围，一种更大的分工体系逐渐形成，各行各业的生产者、不同城市的生产者、不同国家的生产者要满足自身在生产和生活方面的多重需要，就要求互通有无，因而产生了行业间的相互交换、城市间的相互交换，以及国家间的相互交换。全球经济一体化的不断推进，产业链分工已深深嵌入到全球版图内。

在城市有机体内部，各行各业分工协作构成了有机体运行的基础条件。市场机制条件下，使得一个特殊的商品脱颖而出，也就是货币，每一次交换，一个方向是商品的运动，另一个方向则是货币的运动。货币的运动带动着商品从非直接使用者手里转移至直接使用者手中。货币—商品的流动就是有机体当中有如血液流动一般，传递物质和能量，完成有机体的新陈代谢，在城市（社会）有机体当中的不同之处在于商品（物质）是由货币牵引着的，它既产生城市有机体的生机，又蕴含城市有机体的危机。相较于物物交换，货币作为价值尺度和流通手段，大大地增进了商品（物质）流动的效率，同时伴随生产力提升，也促进了人的需要得到更高水平的满足，从而城市有机体的复杂性和生机活力得到提升。然而，由于各种矛盾因素，货币危机威胁着有机体的新陈代谢，历史上每一次货币危机，都直接从基础上影响到人的生活和生产，因此也是有机体的危机。

我们再来看一看有机体内部的生产过程，第一步是生产资料和劳动力的购买，上游生产资料的生产组织的商品得到实现，意味着一次货币—商品流动，第二步进入生产得到可供转移的商品，第三步是商品的实现，是一次商品—货币的流动。其中第二步是生产过程的关键，由原材料的商品变成附加活劳动的待销售商品，是生产组织延续和再生产的条件。但能否被社会承认，第三步商品的实现则是关键，决定了生产过程是否能够进入下一阶段循环，决定了该生产组织的新陈代谢和活力。

智慧化生产活动是伴随着智能化技术为核心的新一代产业革命而产生的，一方面是生产过程的智能化，另一方面是对信息捕捉和分析的智慧化。生产过程经历了简单协作、分工，到机器大工业生产，再到生产过程的创新——福特制生产，精益生产，逐步提升了生产效率。信息捕捉和分析的智慧化得益于大数据、云计算和人工智能的现代发展，例如工业大脑使用云计算资源与人工智能算法能力，充分整合企业资源、人才和信息，致力于打造高灵活度、高资源利用率的"智能工厂"，实现从产品开发、采购、制造、分销、零售，到终端客户的连续，实施信息流通，提升企业数字化精益生产水平，建立强大和完整的信息系统，联结工厂内外，从而能够灵活调整生产的各个环节。

服务活动，如生产性服务、教育服务、物业服务、城市服务等，属于生产性活动，区别在于提供的"产品"不同，服务活动提供的不是某一项具体的实物产品，而是服务产品。服务活动的生产过程与一般的生产过程类似，主要由货币流动串联起与服务对象的联系。

（二）生活活动

城市有机体的生活活动首先是解决衣食住行等物质生活资料问题，这些活动是围绕有机体的基础细胞单元而言的，也就是个人及其家庭，是细胞单元的再生产、发展、维持和延续。由于有机体的生产组织由细胞单元构成，因此生活活动与生产活动是紧密联系的。

首先，有机体的生活活动与生产力水平紧密相关。生产力水平是有机体总体生产能力的衡量，简单来说，就是有机体生产物质基础的数量、质量、种类的能力。总体生产能力直接决定有机体的物质经济基础，这个物质经济基础决定有机体整体的生活活动。人类第一个历史活动就是生产满足生活活动需要的物质资料，随着生产力水平的不断提升，生活活动的内容得到不断丰富，质量得到不断提升。有机体的生活活动所依赖的物质和条件大都需要生活服务企业组织来提供，社会分工和科学技术的进一步深化，将有条件为有机体的细胞单元创造更高、更好的生活活动质量。

第二，有机体的生活活动与生产关系紧密相关。生产关系反映的是生产组织中人与人之间的关系，由所有制关系决定，不同的社会有机体具有不同的生产关系和生产方式。就社会主义中国的城市有机体而言，生产关系有其特殊性，在生产资料公有制为主体的前提下，多种所有制共同发展，目的是适应于生产力的发展，从而推动生产力的发展，落脚点是实现人对美好生活的向往和追求。

第三，有机体的生活活动与分配关系紧密相关。分配关系是由生产关系决定的。有机体的细胞单元能开展什么样的生活活动，决定于有机体内为不同细胞单元提供的物质资料的分配情况。就分配方式而言，有首次分配、再分配和第三次分配的区别。首次分配来自于细胞单元作为生产组织的一部分所发挥的作用，通常以按劳分配为原则。再分配是政府组织主导的分配方式，通过税收—补贴的方式，一定程度调整分配差异。第三次分配则是发挥有机体内部组织或细胞的作用，向其他组织或细胞转移分配。共同富裕背景之下，城市有机体的生活活动应该整体上是提升的，多层的，丰富多彩的。

第四，有机体的生活活动有赖于精神生活的积淀。衣食住行等等是有机体细胞单元最基本的生活活动，在一定经济基础之下，生活活动的范围会向历史文化、艺术、科技等方面延伸，是精神生活和物质生活的统一，往往反映有机体的精神面貌。良好的精神面貌和思想活动会反作用于经济基础的进一步巩固和提升。

总之，生活活动与生产活动都是基于有机体内部以细胞为基础单元的活动，活动的开展以不同的组织结构进行，形成不同的功能器官，各细胞、各组织、各功能器官在一定联系之下系统地构成有机体的整体。有机体整体的活力和健康程度，归根结底由生活活动和生产活动来反映。

（三）生态条件

生态条件是指生物和影响生物生存与发展的一切外界条件的总和。就生命体生产活动和生活活动都是人的活动而言，生态条件就是构成有机体的生态环境。

生态环境是有机体的无机身体。如果细胞单元作为有机体的基本单元，构成有机体的有机身体，那么，其周围的生态环境就是有机体的无机身体。于是就有机体整体而言，有机身体和无机身体都不是单独存在的，不是分离的，而是相互交织、相互影响的共同体。人的命脉在田，田的命脉在水，水的命脉在山，山的命脉在土，土的命脉在树，城市有机体是人与自然的生命共同体。

生态环境是有机体生存和发展永恒的、必要的条件。生态环境是人民生产生活的自然基础，生态环境的好坏优劣影响到人民生活的质量和品质，同时也对生产率产生积极或消极的影响，从而对有机体本身起到促进或延缓的作用。因此，人的活动要维护好有机体自身发展所依赖的条件。

　　生态环境是有机体的活动对象。有机体的活动对象是从两个方面来表现的。第一是生产活动的对象，无论产业链有多长、最终产品有多复杂，向前追溯到基本的原材料，都是生态环境的馈赠，从这个角度来说，城市生命体要维系自身的生长和发展，不可能不把生态环境作为生产活动的对象，但由人及其组织开展的生产活动不能不考虑生态环境所具有的自然规律，不得不像爱护自己的身体一样去爱护生态环境。第二是生活活动的对象，一方面是人对优美生态环境的生活需要，另一方面是人时时刻刻都在生活活动中产生废弃物。从城市有机体整体来考虑生态环境是有机体的活动对象，既有消极影响的一面，又有积极影响的一面，关键是形成尊重自然、顺应自然和保护自然的有机体活动机制。

第三节　城市指标体系的比较分析

　　评价城市最简单的方式是单一指标的评价，比如城市 GDP 的排序，能够反映城市经济规模之间的差异，但单一指标的评价往往功能有限，仅仅反映城市的单一表现。因此，以多重指标反映城市的综合表现出现在各类商业新闻和学术讨论之中。比如，以国家统计局数据为基础，涵盖经济和非经济（软经济）的两大系列指标综合而成的"中国百强城市排行榜"，据说能够科学地衡量一个地区政治、经济、社会、文化、生态"五位一体"的发展水平。但总而言之，综合指标体系的建立较少有城市相关理论的支撑，容易陷入人云亦云或者众说纷纭的境地。

　　基于此，纳入后文比较分析的城市指标体系均具有世界城市的理论基础，在世界城市理论发展之中产生了城市的等级评价以及网络联系度评价的方法。前者的代表是 Friedmann 和 Sassen，后者的代表是 Taylor。Friedmann 构建了一个反映其世界城市理论的评价体系，尽管没有选取具体的指标，但其对此后的世界城市指标体系的构建产生了重要影响。Sassen 并未尝试构建一个反映全球城市的指标体系，其对纽约、伦敦、东京三大城市的经验分析，验证了全球城市的相关理论，诸如先进生产性服务企业在全球城市的集聚。Taylor 基于城市网络理论，将 Sassen 关于先进生产性服务企业产生的信息流指标化，进而构建了世界城市的评价指标体系，并通过 GaWC 发布世界城市排名。

一 等级评价

20 世纪 60 年代，英国城市与区域规划学家 Peter Hall 较为系统而全面地使用世界城市这一概念，认为世界城市是指那些具有全球性经济、政治、文化影响的重要国际一流大城市，是全球意义上的政治中心、商业中心、文化娱乐中心、人才聚集中心，并具有巨大的人口聚集效应。而这一阶段的世界城市仅仅是世界性大城市的代名词，未置身于历史背景和理论背景之中，从而没有真正开启世界城市的理论研究。

直到 20 世纪 70 年代前后新国际劳动分工出现，经济全球化成为时代的主题，世界城市的理论研究进入第一段高光时刻。这一段为 20 世纪 80—90 年代期间，以美国学者 Friedmann 和 Sassen 为代表。Friedmann 探讨了世界城市形成的特征以及它们融入世界经济体系的模式，认为世界城市是全球化的产物，是全球经济的控制中心，其世界城市概念是世界体系（World System）在城市层面的延伸，是全球化发展形成的新现象，是世界城市理论研究的开端。

Friedmann 被认为提供了较为综合的世界城市理论架构，围绕世界城市的控制力来划分世界城市等级，控制力高低来自跨国公司总部、国际金融、全球交通和联系、高级商业服务等方面的大小或程度，但并未建立具体的指标体系和充分的数据支持。具体而言，Friedmann 基于世界体系理论划分了核心国家和半边缘国家，接着划分了各自的首要城市和次要城市，其等级划分考虑的标准包括主要的金融中心、跨国公司总部、国际机构、商业服务部门的增速、重要的制造业中心、主要的交通节点和人口规模，核心国家中的首要城市包括伦敦、巴黎、纽约、芝加哥、东京等，核心国家的次要城市包括布鲁塞尔、米兰、马德里、多伦多、旧金山、悉尼等，半边缘国家的首要城市包括圣保罗、新加坡，半边缘国家的次要城市包括中国香港、中国台北、首尔、约翰内斯堡、墨西哥城等。① Friedmann 承认数据上的证据仍然缺失，当前的世界城市等级顺序是基于对这些城市与世界经济融合程度的判断作出的一种可能排序，1995年他对新排序或新入选的世界城市作出了新的说明，如新加坡、上海、温哥华、西雅图等，但也并未尝试运用具体数据。②

Table 1. The World City Hierarchy[a]

Core Countries[b]		Semi-peripheral Countries[b]	
Primary	Secondary	Primary	Secondary
L. ondon * I	Brussels * III		
Paris * II	Milan III		
Rotlerdam III	Vienna * III		
Frankfurt III	Madrid * III		
Zurich III			Johannesburg III
New York I	Toronto III	Sao Paulo I	Buenos Aires * I
Chicago II	Miami III		Rio de Janeiro I
Los Angcles I	Houston III		Caracas * III
	San Francisco III		Mexico City * I
Tokyo * I	Sydney III	Singapore * III	Hong Kong II
			Taipei * III
			Manila * II
			Bangkok * II
			Seoul * II

---

① Friedmann, J, The World City Hypothesis, *Development and Change*, NO. 17, 1986, p72.

② Friedmann, J, The World City Hypothesis, Development and Change, NO. 17, 1986, p82.

Sassen 突破了 Friedmann 在世界体系框架内建立的世界城市体系，注意到全球化过程的双重趋势，一方面是生产活动在全球的分散化，另一方面是高级管理功能的集聚化，构成了全球城市之间相互连接，以资本、商品、知识不断流动和交换的跨国网络。Sassen 注意到在全球城市内部，全球化下的高级生产性服务行业的高收入群体与餐饮、清洁、物流等"维持战略设施"的低收入群体同时增加，过度增长的生产性服务业创造高收入群体的同时，也创造了大量贫困群体，将社会地理分隔与城市产业相联系，分析了由此产生的城市空间内社会不平等和阶级极化现象。①

Sassen 用大量的数据解读了排在世界城市顶端的伦敦、纽约和东京，称之为"全球城市"，但较少涉及其他城市。以充足的数据反映出伦敦、纽约和东京在 20 世纪 80 年代出现的先进生产服务行业的聚集倾向，包括会计服务、广告服务、保险服务、法律服务、管理咨询、房地产、金融等生产服务行业。例如，1986—1989 年，纽约、伦敦和东京三地的股票市值占全球的 80%；② 世界上其他任何主要的股票交易市场在上市公司数、外国股票数、总股票市场价值、股票交易价值等方面都与伦敦、纽约和东京不在一个数量级；③ 1988 年，东京、伦敦和纽约拥有世界 100 强银行的 4/7，占 60% 的银行资本，拥有全球 25 个顶级证券公司中的 24 个，占据 97.7% 的证券公司资本④。可见，Sassen 并未形成一个综合的指标体系来表现世界城市或全球城市，而以大量先进生产性服务企业数据展示了三大城市作为全球城市的突出地位。

---

① Warf, B. Financial Services and Inequality in New York, *Industrial Geographer*, Vol. 1, No. 2, 2011.

② Sassen, S. *The Global City: New York, London, Tokyo*, Princeton: Princeton University Press, 1991, p. 171.

③ Sassen, S. *The Global City: New York, London, Tokyo*, Princeton: Princeton University Press, 1991, p. 173.

④ Sassen, S. *The Global City: New York, London, Tokyo*, Princeton: Princeton University Press, 1991, p. 177.

二 网络联系度评价

Taylor 的世界城市网络理论被认为是世界城市理论发展的第二阶段,是取代世界城市等级理论的新方法。

世界城市网络理论如何构建城市的网络联系度(Connectivity)呢? Taylor 承认直接的衡量指标难以获取,他的策略是:收集一些较容易获取的间接衡量指标,外加一些可靠的假设。对于商业服务企业而言,它们在不同城市的地理分布、范围、大小等都是能够获取的指标,这些指标决定了商业服务企业的办公网中各个城市节点的重要性,由此得到一个可靠的假设是"一个办公点越重要,那么在这个办公点能够产生更多的工作流"。[①] Taylor 以 v_{ij} 表示商业服务企业/机构 i 在城市 j 的活动强度或重要程度, v 也被称为企业/机构的"服务值"(service value), v 值作为基础数据,有多种可能的选择方法,比如 Taylor 采用合伙人个数作为服务值;[②] 或者采用企业/机构的功能标准化赋值, 0 表示企业/机构在城市没有办公室, 5 表示在该城市设有企业/机构的总部, 2 表示标准大小的办公室, 1 和 3 分别表示比标准小一些和大一些的办公室, 4 代表企业/机构的区域总部所在地; Taylor 在 GaWC 的研究概述中认为企业/机构的员工数量是最好的指标反映服务值。Taylor 提出有两种基本的方法测算城市在网络中的重要程度,其一是"城市节点大小"(Nodal Size of City),也就是一个城市拥有的所有企业/机构的服务值加总,[③] 用 Sj 表示,即:

$$S_j = \sum_i v_{ij} \tag{1}$$

城市节点大小以单个城市所拥有的商业服务企业/机构重要程度

① Taylor P. J. , Ni , P. , Derudder , B. , et al . Measuring the World City Network: New Developments and Results [EB/OL] , (2020-12-20) [2010-4-13] . GaWC Research Bulletin 300 , http: //www. lboro. ac. uk/gawc/rb/rb300. html .

② Taylor P. J, Leading World Cities: Empirical Evaluations of Urban Nodes in Multiple Networks, *Urban Studies*, *Vol. 9*, *No.42*, 2005, p. 1593-1608.

③ Taylor P. J, Leading World Cities: Empirical Evaluations of Urban Nodes in Multiple Networks, *Urban Studies*, *Vol. 9*, *No.42*, 2005, p. 1595.

表现了城市在网络中的重要性，但并未体现城市之间的联系。于是，第二种方法被认为更为重要且常见地反映在 Taylor 的世界城市网络指标测算之中。

第二种方法是测算城市的网络联系度。具体而言，分为三步。第一步计算出某企业在城市间的基础关联度，用 r_{abi} 表示，其中 i 为公司/机构编号，a 和 b 表示为两个不同城市，则有：

$$r_{abi} = v_{ai} * v_{bi} \tag{2}$$

第二步，以公司/机构加总 a 和 b 两个城市的关联度，用 r_{ab} 表示，则有：

$$r_{ab} = \sum_{i} r_{abi} \tag{3}$$

第三步，以城市加总 r，用 C_a 表示，则有：

$$C_a = \sum_{j} r_{aj} \tag{4}$$

其中 $a \neq j$，也就是所有与 a 相关的城市关联度的总和构成了该城市的网络关联度 C。同理，可以测算出所有城市的网络关联度，进而据此划分 α，β，γ 等不同等级。以此方法得出的 GaWC 世界城市排名，2020 年的排名列表如下。

Alpha++（一线超强城	London	Beta+（二线强城市）	Washington DC	Beta（二线城市）	**Nanjing**	Beta-（二线弱城市）	Nicosia
	New York		Dallas		Philadelphia		San Dlego
Alpha-（一线强城市）	**Hong Kong**		Bogota		**Hangzhou**		Amman
	Singapore		Miami		**Chongqing**		**Xi'"An**
	Shanghai		Rome	Beta-（二线弱城市）	**Wuhan**		Guatemala City
	Beijing		Hamburg		Manchester		**Dalian**
	Dubai		Houston		Geneva		St Petersburg
	Paris		Berlin		Osaka		Lagos
	Tokyo		**Chengdu**		Stuttgart		Quito
Alpha（一线城市）	Sydney		Dusseldorf		Belgrade		**Jinan**
	Los Angeles		Tel Aviv		Calgary		San Salvador
	Toronto		Barcelona		Monterrey		Kampala
	Mumbai		Budapest		Kuwait City		George Town(Cayman)
	Amsterdam		Doha		Caracas		Muscat/Ruwi
	Milan		Lima		**Changsha**		Detroit
	Guangzhou	Beta（二线城市）	Ho Chi Minh City		Bratislava		Edinburgh
	Frankfurt		Athens		Sofla	信息来源：2020GaWC世界城市排名	
	Mexico City		Denver		San Jose (CR)		
	Sao Paulo		**Tianjin**		zagreb		
	Chicaco		Abu Dhabi		Dhaka/lahangir Nagar		
	Taipei		Perth		**Xiamen**		
	Kuala		Casablanca		Tampa		
	Lumpur		Kiev		**Zhengzhou**		
	Madrid		Montevideo		Tunis		
	Shenzhen		Oslo		Almaty		
	Moscow		Helsinki		Shenyang		
	Jakarta		Chennai		Lyon		
	Brussels		Hanoi		Minneapolis		

图 4-2　2020 年 GaWC 世界城市排名

除 Taylor 对企业组织联系度的关注之外，还有专注于基础设施的连通性，比如交通基础设施连通，例如以城市间航班互通的数据测算城市的网络联系度[1]；通信互联网设施的连通[2]等。

三　有机体健康度评价

世界城市理论展示了一幅由点到网的理论发展图景，Friedmann率先将世界体系的视域投射至城市，开辟了世界城市理论的先河；Sassen 对全球化发展带来产业集中和分散并存现象的关注，使之聚焦到先进生产性服务产业在"全球城市"的集中；Taylor 的世界城市网络理论进一步将先进生产性服务企业次节点化，将城市节点网络化，从而将城市节点的属性认知推向城市网络的关系认知，使之融入信息科技发展和全球化的历史背景之中，具有显著的时代特征。世界城市理论发展到 Taylor 的世界城市网络理论，无疑丰富了世界城市理论的发展，但也必须认清世界城市网络理论及其指标体系本身的缺憾和不足。

第一，世界城市网络理论是对世界城市等级理论的丰富和发展，而非前者对后者的理论取代。世界城市网络理论将城市视为网络中一个个节点，把重点放在网络节点之下的先进生产服务企业（次节点），由此产生网络关联度，反映城市与城市之间的联系。Taylor 反对使用属性数据，主张用关系数据来表现城市等级序列，然而网络关联度其实仍然反映的是一种城市属性，就如同城市规模是城市属性一样，城市关联度表示城市与其他城市的联系程度，表示的是城市的一个属性方面，差异仅仅在于两种属性不同。Taylor 强调动态的带等级趋势的世界城市网络，以取代静态的等级概念，但 GaWC 的城市排名并不体现与其他城市排名在等级概念上的差异。Taylor 强调城市之间关系的本质是合作，是相互需要和互补的，反对城市

---

①　Derudder B and Witlox F, An appraisal of the use of airline data in assessing the world city network：A research note on data, *Ur-ban Studies*, Vol. 13, No. 42, 2005, p. 2371-2388.

②　Townsend A M. Networked cities and the global structure of the Internet, *American Behavioral Scientist*, Vol. 10, No. 44, 2001, p. 1698-1717.

等级理论表现出来的城市之间相互竞争的关系，然而从其网络关联度上并不能体现任何关于城市之间如何相互合作的信息，依据GaWC 对网络关联度的测算公式，两个城市之间网络关联度高仅意味着两个城市均具有较高的先进生产性服务企业集中度。因此，世界城市网络理论不是对世界城市等级理论的替代或者超越，而是具有不同的关注侧面。

第二，世界城市网络理论研究步入了相对狭窄的研究空间。世界城市网络理论尽管从"先进生产服务企业"产生"信息流"，进而连接起城市与城市之间的关系，形成了所谓的"流动空间"，但终究是对城市本身复杂系统的简化，对城市之间联系的单一化，对城市生长模式的固化。从世界城市网络研究热点追踪①来看，既有研究倾向于如何准确客观测算城市网络结构特征，忽视了测算网络结构的意义，忽视了对城市网络发育的成因、动机和肌理的解释，也就是丢掉了世界城市理论基础，而理论基础是理解城市本身和发展规律的关键。要加深对城市本身的理解和发展规律的探寻，必须重拾世界城市理论的理论基础研究。GaWC 工作简报的发布数量近年出现显著萎缩，2000—2005 年刊发 187 篇，2006—2010 年刊发113 篇，2011—2015 年刊发 152 篇，2016 年刊发 2 篇，2017 年刊发3 篇②，也从另一个侧面反映出世界城市网络理论研究陷入了相对狭窄的研究空间而出现理论进展停滞。

第三，世界城市网络理论的指标体系无法为世界城市（特别是新兴国家的大城市）提供发展方向和动力机制的有效建议。对世界城市排名的关注远超排名背后的指标体系，后者又远超指标体系背后的理论支撑，这是一种"急功近利"的反映，使得 Taylor 也感叹道"我们生活在一个'排名焦躁症'的时代……对于城市来说也是

---

① 杨勃、王茂军、王成：《世界城市网络研究的热点变迁及主题判别——基于 WOS数据库的知识图谱分析》，《人文地理》2019 年第 34 期。

② 屠启宇：《21 世纪全球城市理论与实践的迭代》，《城市规划学刊》2018 年第 241期。

如此，商业或学术领域存在着各式各样的城市排名。人们关心他们所在城市的排名，并以此为乐"。① 世界城市理论自引入国内之后，为看齐头部世界城市，不少文献简单地以 GaWC 世界城市排名指标测算国内头部城市的差距，提出北京、上海等城市建设世界城市、全球城市的策略在于扩大跨国公司总部资源、引入国际高端资源、提升全球服务能力等。GaWC 世界城市排名本质上是城市先进生产服务企业集中度的排名，一座城市先进生产性服务企业越集中、层级越高，世界城市排名就越高，世界城市与先进生产服务企业的简单对应关系无助于建设我国的世界城市，无助于解决世界城市普遍存在的社会问题，也无助于理解城市与城市之间的互动关系。以深圳都市圈建设为例，依据 GaWC 世界城市指标体系，深圳和北京的联系度会远高于深圳和东莞的联系度，这是由于北京的先进生产性服务企业比东莞的要数量多、层级高，但深圳都市圈建设的联系点显然更多地为地理空间临近的东莞，深圳和北京之间因先进生产企业信息流的联系度大小对深圳的发展建设而言无实际意义。再者，世界城市带来的社会极化、空间割据等问题在当下的 GaWC 指标体系中全无反映，这样的世界城市一定无法成为世界城市的标杆，一定不是未来世界城市的风向标。

相对于 20 世纪 80—90 年代的信息科技革命，新一轮科技革命的浪潮已经席卷而来，与此同时，在贸易保护主义、新冠疫情的冲击之下，全球价值链出现了深刻调整，在全球化背景下诞生的世界城市理论，面对"逆全球化"和新科技革命会出现哪些新变化，产生什么新现象，发展中国家世界城市发展面临着哪些新问题和新挑战，这都需要城市理论与时俱进地继续发展和延伸。

当前，一种新的世界城市理论范式——"城市有机体理论"孕育于丰富的中国城市实践中，在城市与自然生态、城市与历史文

---

① Taylor P. J, Urban economics in Thrall to Christaller: a misguided search for city hierarchies in external urban relations, *Environment and Planning A: Economy and Space*, Vol. 11, No. 41, 2009, p. 2550-2555.

化、城市建设和治理、城市智慧化等方面作出了中国特色的实践探索，以人为核心的人民城市作为一个有机体，有其细胞结构和运行机理，在此基础上建立一个综合的、具有中国特色的评价体系意义重大，是进一步提升中国城市治理体系和能力现代化的重要依据。

城市有机体理论对城市的健康评价应考虑以人为本、系统联系、发展动力、效率和公平、文化传承五个方面。

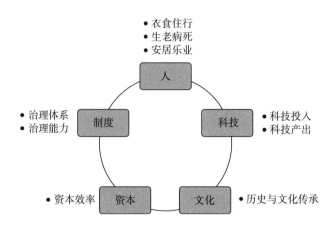

（一）人的因素：衣食住行、生老病死、安居乐业

人及其家庭是城市有机体最基础的细胞单元，因此人的因素是整个城市有机体健康程度的基础因素，会涉及人及其家庭的民生和经济相关的数据。衣食住行，关系到每一个人日常的生理需要，相关的数据指标包括恩格尔系数、人均住房面积、人均道路里程等。生老病死，关系到一个人从出生到死亡的各类医护、养护需要，相关的数据指标包括人均卫生服务人员数，人均医疗卫生机构床位数，人均养老机构床位数，平均寿命，人均卫生投入，孕产妇保健等。安居乐业，关系到个人和家庭的安全保障，相关数据指标包括犯罪率，交通事故率，火灾事故率，就业率，人均居民收入，最低平均工资水平等。

（二）制度因素：治理体系和治理能力

制度因素是关于有机体细胞、组织和器官如何形成一个畅通系统的因素。不同历史时段，不同国家，不同社会，不同城市，有着各自独特的制度形态。从一般性而言，人类社会不同历史时期经历了原始社会、奴隶社会、封建社会、资本主义社会和社会主义社会的不同形态。从特殊性而言，任何一个历史节点下不同国家和地区有着各自特殊的制度形态，比如资本主义社会制度，各个资本主义国家的制度是极为不同的，再比如社会主义制度，在各个社会主义国家也极为不一致。从城市的范围来看，整个国家的大制度是作为前提存在的。然而，在越来越具体的领域，城市的制度安排才体现出具体的差别。就城市有机体而言，制度因素主要反映在城市治理体系和治理能力的问题上，治理的主体是全社会，包括政府组织、企业组织和个人等，由组织和个人构成的城市治理体系和治理能力问题关注人与人联系的畅通，物与物传导的通畅。然而，直接反映这些方面的指标较少，只能间接反映。治理体系和治理能力间接体现在"经济—政治—社会—文化—生态"五个方面，经济方面取人均生产效率，政治方面取行政投诉建议及处理率，社会方面取社保参保率，文化方面取人均文化体育设施数，生态方面取工业废物综合利用率和生活垃圾处理率。

（三）科技发展：科技投入与产出

在过去，劳动人口数量曾决定发展动能，而现在，科技越来越彰显出第一生产力的特性。18 世纪以蒸汽机发明为标志的第一次产业革命拉开了科技革命的序幕；19 世纪末 20 世纪初，第二次产业革命以电力的广泛运用为标志；20 世纪中期以后出现的信息技术为代表的第三次产业革命，将人类带入互联网、智能化和数字化时代。每一次的产业革命伴随着社会生产力的迅速提升，也带来生产方式的深刻变革，从而带动经济基础的发展以及上层建筑的发展。

就城市有机体而言，科技发展决定有机体的发展动能以及可持续发展潜力，可以从城市科技投入，R&D 人员数量，R&D 内部经费支出，专利授权数与专利授权率等方面衡量。

（四）资本因素：资本效率

前文有机体运行机制已经论及，货币循环和流通在社会新陈代谢过程中位居核心的位置，特别是市场经济发展到一定程度的时候，货币，从而表现为货币的资本的循环和流通就如同血液流动一般，时时刻刻，生生不息，循环往复。

资本因素所体现出的效率是两个方面的，第一体现生产效率，资本快速流动意味着生产—交换—消费—分配的快速进行，但并不能体现分配的公平性，从而不能体现有机体可持续地生长发育的能力。因此，资本效率的第二个方面体现在推动分配的公平性和生态的友好性，反映资本效率的两个方面的指标包括，资本周转率，公共服务发展水平，转移支付比重，人均绿地面积，可吸入颗粒物年平均浓度等。

（五）文化因素：历史与文化传承

以人为基础单元的城市有机体，自然会流露出历史和文化传承的特征，展现出不同的精神特质和独有的外在风貌。保护历史文化，发展现代文化，促进文化交流，增进文化交融，是城市有机体健康发展的内在要求。那么，可以从几个方面来衡量城市有机体的文化因素的评价。

历史文化、文物的保存和研究。包括历史文化相关的研究人员、研究场所，历史文化古迹，博物馆、图书馆、艺术中心等公共文化场馆。不同城市有机体在历史上的积淀是不同的，对历史文化文物等的保护和认识是有差别的，相关的场馆建设和维护，古迹的保存和研究，是衡量城市有机体文化因素的重要内容。

文化产业发展水平。在公共事业和公共场馆以外，文化正以产业的形式在扩大其影响的范围和程度，因此城市有机体内部文化产业发展水平会反映出城市的文化发展活力。

文化交流的活动。文化交流活动主要是指与有机体外部的文化交流联系，这样的联系越频繁，越广泛，越紧密，是有机体文化发展活力的外溢体现。

文化领域的政府投入。尽管以上方面均可能有政府的作用，但从财政上政府投入能够更直接反映一定阶段城市对文化领域的相对重视程度。

总之，以上五个方面是源自对有机体本身结构和运行机制的认识，对有机体健康度的综合评价既体现以人为本的观念，又从系统联系、发展动力、效率和公平、文化传承几个方面来衡量城市作为有机体的健康表现，是城市有机体理论在城市发展和评价上的延伸。以此为基础，可以形成对具体领域的逐层认识，从而可以为企业、个人和政府在提升有机体健康程度方面提出不同层面的指引。

第四节　城市运营服务企业参与城市有机体健康发展的建议方向

城市运营服务企业属于生产生活服务性企业，是城市有机体内部具有特定功能的组织，是城市有机体系统中的一个重要组成部分，因此这一组织与其他组织一样，既依赖外部"供血"，又向外部"造血"和"供血"，"造血"能力是城市服务能力和水平的体现，"供血"能力则是对接服务需求的能力。城市运营服务企业需要不断提升"造血"和"供血"能力，以此为城市有机体的健康活力作出应有贡献。

一　生活方面：广泛参与经济、政治、文化、社会生活，提升人的幸福感

中国特色社会主义新时代是人们向往和追求美好生活的新时代。随着生产力的进一步提升，留给人们生活活动的时间也必将逐步增加，随着收入提升，共同富裕向前推进，对生活活动的内容、数量和质量也必将提出更高的要求。美好生活，一方面体现在衣食住行、生老病死的物质生活更高水平的满足之上，另一方面也体现在精神生活的满足，比如政治生活、文化生活、社会生活等。

　　首先，在物质生活方面，城市运营服务企业应发挥好平台的作用，不仅仅是引入优质物质生活服务商，而且需要提升物质生活满足高水平生活质量的匹配度。城市运营服务企业的作用应该主要体现在后者，因为个体的物质生活服务商一定程度上是盲目的，对于特定街区、特定社区的特定需求掌握程度一定是较弱的，那么在高水平生活质量的匹配度上就会出现匹配性差，尽管市场会作出选择，但是选择过程的社会损失可能比较大，然而这种损失可以通过城市运营服务企业的"造血"能力予以减弱，对整个社会有机体而言是增益的。这种"造血"能力要依靠城市运营服务企业的平台基础，获取大量的有关消费、行为、偏好等等的大数据，通过对大数据的分析来研判特定街区、特定社区的特定需要，从而做好优质生活服务商的匹配。

　　第二，政治生活方面，城市运营服务企业可以在基层政治服务中发挥重要作用，比如居民委员会、业主委员会、社区委员会等各类基层群众自治组织，这些是生活层面基层治理的重要组织结构，随着基本物质生活水平的提升，基层政治生活组织的作用在未来将逐渐凸显出更大的作用，并成为治理体系和治理能力的最基础单元。基层政治生活服务的可能方向有提供政治活动场所、政治活动辅助服务、智慧化手段、信息和数据的相关服务等。

　　第三，文化生活是精神生活的重要部分，已经越来越成为新时代的人们追求美好生活不可或缺的重要活动。文化消费、文化体验、文化教育、文化交流、文化发现和文化传承，城市运营服务企业可以探索从多角度深入文化生活服务，为居民文化生活提质增效。

　　第四，社会生活方面，是指人们在社会交往中追求公平正义、公共安全的活动，是保障人们安居乐业的重要方面。无论经济社会发展到哪一步，安全都是人民群众的基本需求，通过向每位公民平等提供公共安全保障，让人民公平地共享发展成果，在不受剥夺、不被损害的前提下，享受与自己的付出相匹配的社会发展成果，是城市有机体的责任。城市运营服务企业在一定程度上承担着部分公共安全的责任，可在提升公共安全预警、群防群控、增进公平正义方面作出更好地服务。

二 生产方面：发挥数据要素优势，精准提升城市健康度

生产活动是一个有机体生命存在的基础，也是生活活动的前提，因此生产活动的健康运转关系到有机体健康的各个方面。生产活动发生在一个个生产组织内部，生产组织与生产组织因相互依赖而紧密相联，因专业分工而相互依赖。城市运营服务企业本身是一个生产组织，承担着城市有机体内部的部分专业活动。就生产的全过程而言，城市运营服务企业可以从如下方面发挥自身专业作用，提升有机体组织健康。

企业物业服务。物业服务是保障企业正常生产活动，保持良好的企业生产环境，提高企业生产效率的基本需要。

企业选址服务。无论是工厂、企业还是小商户，面临的头等大事就是选址，一个合适的、符合企业发展需求的地址关乎企业的生存和发展。选址是一项十分专业的活动，需要足够的信息搜集能力，市场研判能力，而且需要综合的战略决策能力等等，这些能力的需要转化为对城市运营服务企业的需要。

企业金融服务。金融系统是货币的流通系统，是有机体的血液，携带着物质和服务传递至有机体的各个部分。企业的发展离不开金融系统的"供血能力"，然而金融系统"供血"和"输血"的功能也存在市场匹配的矛盾，供需两端的矛盾，使得有潜力的生产企业裹足不前，或者使得生产企业暂时的危机形成永久的伤害。城市运营服务企业得益于对信息的大量掌握，具备较好的资源对接能力，这就为盘活企业，特别是中小企业，创造了优势条件。

企业展销服务。企业生产产品或服务，关键的一步是通过交换实现价值回报。然而，相当多的产品或服务无法自行获得满意的市场认知，无法自行得到市场的认可，那就需要展销服务提供支持。同样地，展销服务对信息的搜集、市场的把握、目标客户的需要等等需要具备专业化的能力，这便是价值所在，也是创造价值的基础。

三 生态方面：构建城市健康的支撑条件

生态环境作为支撑有机体健康成长的条件，同时也是保障生产和生活的条件，既受到生产和生活活动的影响，又可以通过专门的活动加以维护和改善，需要发挥个人和组织的积极作用。

在生活层面，城市运营服务企业可深入社区和街道，为生活营造优美的生活环境。在城市治理改革的试点中，城市运营服务企业可承接维护市容市貌的相关服务，积极参与城市更新项目，改善居住生活环境和条件，增设人文景观，增彩自然景观，畅通生活垃圾分类、回收、处理、再利用的全流程，打通生活污水处理和利用等。在生活环境方面的要求，必将随着生产力的提升，物质基础的巩固，得到更高质量的提升。这种生活环境高质量提升的需求不仅仅停留在社区或街道的公共空间，而且个人空间的升级也将随着生活水平的提升而出现，这就为室内空间设计、日常室内空间养护等提出了更高需求。

在生产层面，突出的方面是对生态环境的影响，其中工农业生产对生态环境影响较高的方面是废气和废固排放，其中近90%的二氧化硫，近70%的颗粒物排放，近70%的二氧化碳排放来自工业生产，废固几乎来自工业生产。在"碳达峰碳中和"、大气污染防治趋严的背景下，城市运营服务企业要依托面向城市的广泛触觉，积极进取，探索新的业务机遇，帮助生产部门在有序生产、规范排放、强化监测和监督方面发挥可能的作用。

参考文献

《马克思恩格斯文集》（第 1 卷），人民出版社 2009 年版。

党秀云：《论志愿服务可持续发展的价值与基础》，《中国行政管理》2019 年第 11 期。

全球治理委员会：《我们的全球伙伴关系》，牛津大学出版社 1995 年版。

刘波、方奕华、彭瑾：《"多元共治"社区治理中的网络结构、关系质量与治理效果——以深圳市龙岗区为例》，《管理评论》2019 年第 31 期。

刘银喜、赵子昕、赵淼：《标准化、均等化、精细化：公共服务整体性模式及运行机理》，《中国行政管理》2019 年第 8 期。

刘阳：《"社会整合—系统整合/国家—社会"社区治理框架初探》，《社会治理》2018 年第 12 期。

吴晓林：《城市社区的"五层次需求"与治理结构转换》，《国家治理》2018 年第 31 期。

吴晓林：《理解中国社区治理：国家社会与家庭的关联》，中国社会科学出版社 2020 年版。

周志忍：《认识市场化改革的新视角》，《中国行政管理》2009 年第 3 期。

唐若兰：《社区治理创新与基层社会治理模式的重构》，《探索》2015 年第 6 期。

夏建中：《治理理论的特点与社区治理研究》，《黑龙江社会科学》2010 年第 2 期。

张明亮、唐忠新：《中国城市社区建设导论》，上海交通大学出版社会 2008 版。

张邦辉、吴健、李恬漩：《再组织化与社区治理能力现代化——以成都新鸿社区的实践为例》，《中国行政管理》2019 年第 12 期。

徐选国、杨君、徐永祥：《政府购买公共服务的理论谱系及其超越——以新制度主义为分析视角》，《学习与实践》2014 年第 10 期。

曹海军、薛喆：《"三社联动"机制下政府向社会力量购买服务的三个阶段分析》，《中国行政管理》2018 年第 8 期。

曾维和：《共建共享社会治理格局：理论创新、体系构筑、实践推进》，《理论探索》2016 年第 3 期。

朱颂梅：《中国城市社区商业的发展趋势及对社会的整合作用》，《商业时代》2013 年第 29 期。

李文静、时立荣：《"社会自主联动"："三社联动"社区治理机制的完善路径》，《探索》2016 年第 3 期。

李雪萍、陈伟东：《分开与连结：社区公共服务机制探析——以武汉市江汉区民族街环卫体制改革为例》，《社会科学研究》2006 年第 1 期。

李静：《城市社区网络治理结构的构建——结构功能主义的视角》，《东北大学学报（社会科学版）》2016 年第 18 期第 6 卷。

沈体雁、赵振武、吴晓林、温锋华：《物业城市理论与实践——横琴新区城市治理创新模式研究》，社会科学文献出版社 2021 年版。

沈萌萌：《社区商业的理论与模式》，《城市问题》2003 年第 2 期。

熊竞、孙斌栋：《超大城市政区治理：演进逻辑、制度困境与优化路径》，《上海行政学院学报》2020 年第 21 期。

王学军：《合作生产中的公共价值失败及其治理》，《西北师大学报（社会科学版）》2020 年第 57 期。

缪小林、张蓉、于洋航：《基本公共服务均等化治理：从"缩小地区间财力差距"到"提升人民群众获得感"》，《中国行政管理》2020 年第 2 期。

罗峰：《社区志愿活动与和谐社会的构建》，《中国行政管理》2006 年第 1 期。

胡重明：《再组织化与中国社会管理创新——以浙江舟山"网格化管理、组团式服务"为例》，《公共管理学报》2013 年第 10 期。

董杨：《政府购买公共服务中的公共利益及其实现机制》，《行政论坛》2020 年第 27 期，第 59-64 页。

费孝通：《二十年来之中国社区研究》，《社会研究》1948 年第 77 期。

赵民、赵蔚：《社区发展规划：理论与实践》，中国建筑工业出版社 2003 版。

郁建兴：《中国的公共服务体系：发展历程、社会政策与体制机制》，《学术月刊》2011 年第 3 期。

郭小聪、代凯：《国内近五年基本公共服务均等化研究：综述与评估》，《中国人民大学学报》2013 年第 1 期。

陈鹏：《中国社会治理 40 年：回顾与前瞻》，《北京师范大学学报（社会科学版）》2018 年第 6 期。

韩清颖、孙涛：《政府购买公共服务有效性及其影响因素研究——基于 153 个政府购买公共服务案例的探索》，《公共管理学报》2019 年第 16 期。

魏娜：《我国志愿服务发展：成就、问题与展望》，《中国行政管理》2013 年第 7 期。

龚维斌：《改革开放 40 年中国社区治理的回顾与反思》，《社会治理》2018 年第 8 期。

［德］H·哈肯：《协同学引论》，徐锡申等译，原子能出版社

1984 年版。

　　[德] 斐迪南・滕尼斯:《共同体与社会——纯粹社会的基本概念》,林荣远译,北京大学出版社 2010 版。

　　[美] 奥利弗・E. 威廉姆森:《市场与层级制》,蔡晓月、孟检译,上海财经大学出版社 2011 版。

　　[美] 朱迪斯・德・容:《新型城市郊区化》,张靓秋等译,华中科技大学出版社 2016 年版。

　　[美] 罗纳德. 奥克森:《治理地方公共经济》,万鹏飞译,北京大学出版社 2005 年版。

　　[美] 萨瓦斯:《民营化与公私部门伙伴关系》,周志忍译,中国人民大学出版社 2002 年版。

　　Agnew, J. A. , Duncan, J. S, The Wiley-Blackwell Companion to Human Geography, *First Edition. Oxford: Blackwell*, 2011, p331.

　　Ansell Chris and Alison Gash, "Collaborative Governance in Theory and Practice", *Journal of Public Administration Research and Theory*, No. 18, 2007, p. 543-571.

　　Axelrod and Robert, The evolution of Cooperation, New York, *NY: Basic Books*, 1984.

　　Bartlett, Will, and Julian Le Grand, "*The theory of quasi-markets" in Quasi-markets and social policy edited by Julian Le Grand and Will Bartlett*, London: Palgrave Macmillan, 1993, p. 13-34.

　　Boussauw K and Boelens L, "Fuzzy tales for hard blueprints: The selective coproduction of the spatial policy plan for planders", Belgium, *Environment and Planning C: Government and Policy*, Vol. 6, No. 33, 2015, p. 1376-1393.

　　Alonso, W, *A theory of the Urban Land Market*, *Papers of Regional Science Association*, *Muth*, *Richard. Cities and Housing*, Chicago: University of Chicago Press, 1969.

　　Ansell Chris and Alison Gash, "Collaborative Governance in Theory and Practice", *Journal of Public Administration Research and Theory*, No. 18, 2007, p. 543-571.

Ansell, Chris, and Alison Gash, "Collaborative Platforms as a Governance Strategy", *Journal of Public Administration Research and Theory*, Vol. 28, No. 1, 2018, p. 16-32.

Elizabeth, B, "Why and How Does Participatory Governance Affect Policy Outcomes? Theory and Evidence from the Electric Sector", *Journal of Public Administration Research and Theory*, Vol. 3, No. 30, 2020, 365-382.

Brudney J and England R. "Toward a definition of the coproduction concept", *Public Administration Review*, Vol. 1, No. 43, 1983, p. 59-65.

Callahan and Richard, "Governance: The Collision of Politics and Cooperation", *Public Administration Review*, Vol. 2, No. 67, 2007, p. 290-301.

Castells, M, *The rise of the network society*, Oxford: Blackwell, 1996.

Castells, M., The Urban Question: A Marxist Approach, *London: Edward Arnold*, 1977.

Cepiku D and Giordano, "Co-Production in Developing Countries: Insights from the community health workers experience", *Public Management Review*, Vol. 3, No. 16, 2014, p. 317-340.

Cooper, T. L and Bryer, T. A. & Meek, J, "From Collaborative Public Management to Collaborative Public Governance: Capacity Building for Sustainability", Minnowbrook III Conference, September 2008, p. 2.

David Lowery, "Consumer sovereignty and quasi-market failure", *journal of public administration research and theory*, No. 2, 1998, p. 137-172.

Dhirathiti, "Co-production and the provision of lifelong learning policy for elderly people in Thailand", *Public Management Review*, Vol. 7,

No. 21, 2019, p. 1011-1028.

Emerson ed., "An Integrative Framework for Collaborative Governance", *Journal of Public Administration Research and Theory*, No. 22, 2011, p. 1-29.

Fishenden, J., and Thompson, M. Digital government, open architecture, and innovation: why public sector IT will never be the same again, *Journal of Public Administration Research and Theory*, Vol. 4, No. 23, 2013, p. 977-1004.

Gerlak, Andrea K., and Tanya Heikkila, "Building a Theory of Learning in Collaboratives: Evidence from the Everglades Restoration Program", J*ournal of Public Administration Research and Theory*, Vol. 4, No. 21, 2011, p. 619-44.

Harvey, D., The Urbanization of Capital, *Oxford: Basil Blackwell*, 1985.

Henderson, J. V, Tim S, Adam S, et al. The global distribution of economic activity: nature, history, and the role of trade, *Quarterly Journal of Economics*, Vol. 133, No. 1, 2018.

Jager ed., "Pathways to implementation: Evidence on How Participation in Environmental Governance Impacts on Environmental Outcomes", *Journal of Public Administration Research and Theory*, Vol. 3, No. 30, 2020, p. 383-399.

Kowalski, R., ed, . Improving Public Services by Mining Citizen Feedback: An Application of Natural Language Processing, *Public Administration*, NO. 1, 2020.

Krugman, P. *Geography and Trade*, Cambridge, MA: MIT Press, 1991.

Le Grand, "Quasi-Markets and Social Policy", *The Economic Journal*, Vol. 127, No. 101, 1991, p. 1256-1267.

Leach, W. D. ed., "Fostering learning through collaboration: Knowledge acquisition and belief change in marine aquaculture partnerships", *Journal of Public Administration Research and Theory*, No. 24, 2013, p. 591–622.

Lefebvre H, The Production of Space, *Oxford: Basil Blackwell*, 1991.

N. L. Prak and H. Priemus, "A Model for the Analysis of the Decline of Postwar Housing", *The International Journal of Urban and Regional Research*, Vol. 10, No. 1, 1986, p. 1–17.

Oakerson and Ronald, Governing Local Public Economies: Creating the Civic Metropolis, *Oakland California: ICS Press*, 1999, p. 63.

Ostrom, "Metropolitan reform: Propositions derived from two traditions", *Social Science Quarterly*, No. 53, 1972, p. 474–493.

Park, R, The City: Suggestions for the Investigation of Human Behavior in the Urban Environment, *American Journal of Sociology*, Vol. 7, No. 44, 1938.

Pencheva, I., ed, . Big Data and AI – A transformational shift for government: So, what next for research?, *Public Policy and Administration*, Vol. 1, No. 35, 2020, p. 24–44.

Percy, "Conceptualizing and measuring citizen co-production of community safety", *Policy Studies Journal*, Vol. S1, No. 7, 1978, p. 486–493.

Rethemeyer, R. K. and Hatmaker, D. M, Network management reconsidered: An inquiry into management of network structures in public sector service provision, *Journal of Public Administration Research and Theory*, No. 4, 2018, p. 617–646.

Rogers and Everrett M, Diffusion of Innovation (4th Edition), *New York: The Free Press*, 1995, p. 11.

Sassen, S, The Global City: New York, London, Tokyo, *Princeton: Princeton University Press*, 1991, p4.

Sassen, S. The Global City: New York, London, Tokyo, *Prince-*

ton: *Princeton University Press*, 1991.

Sorensen, Eva and Jacob Torfing, "Making governance network effective and democratic through meta-governance", *Public Administration*, No. 87, 2009, p. 234-258.

Taylor P. J, Leading World Cities: Empirical Evaluations of Urban Nodes in Multiple Networks, *Urban Studies*, Vol. 9, No. 42, 2005, p. 1593-1608.

Taylor P. J, Leading World Cities: Empirical Evaluations of Urban Nodes in Multiple Networks, *Urban Studies*, Vol. 9, No. 42, 2005, p. 1595.

Taylor P. J, Urban economics in Thrall to Christaller: a misguided search for city hierarchies in external urban relations, *Environment and Planning A: Economy and Space*, Vol. 11, No. 41, 2009, p. 2550-2555.

Taylor P. J. , Ni, P. , Derudder, B. , et al. Measuring the World City Network: New Developments and Results [EB/OL], (2020-12-20) [2010-4-13] . GaWC Research Bulletin 300, http://www. lboro. ac. uk/gawc/rb/rb300. html.

Wang, W, Exploring the determinants of network effectiveness: The case of neighborhood governance networks in Beijing, *Journal of Public Administration Research and Theory*, Vol. 2, No. 26, 2016, p. 375-373.

Warf, B. Financial Services and Inequality in New York, *Industrial Geographer*, Vol. 1, No. 2, 2011.

后　记

　　大学毕业到深圳工作，在深物业从事集团上市前的股份制改造，开始对房地产开发、物业管理有了懵懵懂懂的认识。两年后赴美留学，回国后走上了教学科研之路。30 年，斗转星移，2020 年底，又回到已是先行示范区的深圳，任教哈尔滨工业大学（深圳）。于是，有了与万物云城合作的这本书，从政企协作、智慧协同层面观察城市公共服务和治理创新实践。本书也是"可持续、健康和学习型城市与邻里"多国研究联盟项目及其中心（SHLC）① 的中国团队部分研究成果。

　　城市，因人而生，因人而兴。1930 年代，沃斯（Louis Wirth）在《美国社会学期刊》发文"作为一种生活方式的都市"（Urbanism as a way of life），指出城市相对于农村是一种新型的生活方式。中国自改革开放以来，城市发展和转型渐次表现为产城空间格局的交替外扩，以及内部社会结构的分化重组。当下，如果说城市是个有机"生命体"，其环境结构和组织复杂程度已远超经典理论所能涵盖的范畴。从生产关系的角度，每个城市空间都是被建构的环境，也是资本作用的产物；从生活关系的角度，城市本质上是各集体消费的空间单位；从社会关系的角度，城市空间则是经济、政治和文化观念的权力场域。

　　3 年前，万物云以珠海横琴新区的"物业城市"为起点，随后

---

　　① 多国研究联盟中心（SHLC）设在格拉斯哥大学，由英国政府研究与创新基金（GCRF）资助（项目号：ES/P011020/1）。

在深圳福田区、厦门鼓浪屿等地快速迭代,构筑以"整合、智能、共建"为特征的"物业城市"模式,从市容市政服务外包切入,将城市公共空间和服务细分为若干板块,嵌入专项服务模块,基于板块特点定制"工单",以流程再造和价值重塑破解城市公共服务供给碎片化,打造"全域智能治理"的"乐智城市"(happy-smart city),致力于市民安居、乐业,社区可持续、有保障,助推数字城市和廉政政府建设。

本书针对"物业城市"模式创新,一是从城市生命有机体的理念出发,探讨万物云城作为城市服务运营商,如何从生活、生产、生态等方面参与城市治理创新;如何调动政企社居民多元主体,以"合作治理""合供"等方式,在城区更新、街区服务、社区治理等尺度空间发挥城市公共服务网络的协同效能。二是如何以科技赋能、管理赋能、运行赋能产生叠加效应,建设韧性、可持续的城市和社区。三是探讨通过智慧协同的城市服务运营平台,部分破解基层治理困境——即行政科层的固化、服务能力的欠缺、治理的单向传导、履职的无限责任;特别是在区街层面,尝试明晰基层治理弹性与刚性相结合的政企权责边界,聚焦公共服务矩阵,从生产端优化城市公共服务供给。

城市和社区治理实践是鲜活的,常常走在理论之前。正如万物云 CEO 朱保全先生所言,"物业公司进城市,本是无中生有,但只要底层逻辑正确,就势必有巨大的变革空间"。科技进步让城市更具链接性,数据赋能让城市呈现多中心、网络化、圈层化、街坊化、场景化等时代特征。城市向新,生活向上,我们愿与万物云一道,在城市更新、物业智能服务、社区治理、康养智慧服务等方面强化合作,"一边奔跑中实践,一边研究中求理",助推新时代中国城市高质量发展。

孙涛